JN306728

庫

おもてなしの仕組み

京都花街に学ぶマネジメント

西尾久美子

中央公論新社

文庫化にあたり

「おもてなし」、二〇二〇年に東京オリンピック開催が決まるとともに、この言葉に触れる機会が多くなりました。日本に根付く相手を思いやる心とそれにそった行動を端的にあらわす、たった五文字から、私たちは、温かで真心のこもった笑顔や信頼感あふれる立ち居振る舞いを、心と心が通いあう様を思い描きます。この柔らかな短い言葉は、日本らしさとして誇られる文化を想起させます。

京都花街は、この「おもてなし」文化を、紡ぎ続ける街。

二〇一四年春、京都の花街の文化が、京都市の無形文化遺産として選ばれます。時代がかわっても、かわらないものが人から人へと受け継がれ古びることなく息づくから、その価値を認めようと行政も動きだしました。

京都花街を伝統文化産業として位置づけ、「おもてなし」サービスが提供される仕組みとそれを担うプロフェッショナルたちの人材育成について、経営学の視点からまとめた単行本が出版されたのは、二〇〇七年九月でした。

それから、七年近くの年月がたち、「おもてなし」がキーワードになっているこの時期に、文庫化のお話をいただけたことを、とてもうれしく思います。

この間に、ドッグイヤーという形容がマウスイヤーへとビジネスの変化をあらわす時間軸は短くなり、ビッグデータがビジネスチャンスを生み出すと大量の情報をいかに活用するのかがトピックになり、顧客に向き合う事業者の真摯《しんし》な姿勢はもちろんですが、スピードと大量データの取り扱いがより重視されるようになっています。

一方、京都花街では、メニューも価格表もなくマニュアルで提供することができないサービスが、「おもてなし」として、継続的な顧客だけでなく入洛する国内外の観光客にも、変わることなく提供されています。さらに、舞妓《まいこ》さんがパスポートをもち、海外へ出張することも、女性のグループ客が、料理屋さんで芸舞妓さんの宴席を楽しむということも、めずらしくはなくなりました。

では、京都花街という地域の文化産業が、多様な顧客に支持される継続的に品質のよいサービスを提供できるのは、なぜなのでしょうか。

文庫化にあたり、京都花街の芸妓《げいこ》や舞妓の人数やお茶屋の軒数、また京都以外の地域について数値データ、各地域での新しいとり組みなど時代の変遷にともなって変化した点については書き直しましたが、それ以外の継続している京都花街のおもてなしの仕組みについては、ほとんど改訂をする必要がありませんでした。

一方で、AKB48のビジネスの仕組みと京都花街のおもてなしの仕組みのつながりを、コラムに書き加えました。現代的な事例と比較していただくと、サービスを提供するための仕組みの重要性や、マネジメントとして私たちが大切にすべき本質は何なのかが、見えてくるように思います。

中公文庫版が、私たちが大切にしていきたいと思いながらも、上手く伝えていくことが難しいと感じている日本ならではのおもてなしについて、読者の皆様に考えていただくきっかけとなれば、うれしく思います。

二〇一四年　梅の香に春を感じるころ

西尾久美子

はじめに

京都と聞くと、日本髪に花かんざし、だらりの長い帯をした舞妓さんを思い浮かべる方が多いのではないだろうか？　※紅殻格子《べんがらごうし》の家並みと石畳の路地が京情緒を醸し出す祇園《ぎおん》では、夕方になるとお座敷に向かう舞妓さんをひと目見ようという観光客が、お茶屋や置屋の前で待っていることも珍しくなくなっている。二〇〇六年、京都市を訪れた観光客は四八〇〇万人あまり。昨今の京都ブームもあって、舞妓さんを紹介する写真集の出版やマスコミの取材も数多い。

舞妓さんの愛らしさ、芸妓さんの華やかさ、そして、彼女たちが必死に芸事に励んでいる姿などは、四季おりおりの京都の年中行事とともにいろいろなメディアでもよく伝えられている。しかし、京都花街についてそれ以上のことを深く知ろうとすると、実はこれが、なかなか難しい。一見《いちげん》さんお断りのお茶屋のお座敷にあがる機会もなく、芸舞妓さんたちと言葉をかわすこともない一般の人にとっては、いくらたくさんの情報があっても、やはり舞妓さんはあこがれの遠い存在のまま、花街は壁の向こうの知らない世界のままである。

現在、舞妓さん・芸妓さんを目指す現代っ子の若い女性たちは、そのほとんどが、京都以外の日本各地から日本舞踊や邦楽のお稽古の経験がないままに、ここ京都花街にやってくる。約一年間の修業生活を経て、彼女たちはサービス・プロフェッショナルの舞妓さん・芸妓さんとしてデビューする。仕込みさんと呼ばれるこの修業期間に、お稽古ごとを修め、京言葉を習得し、着物も着られるようになり、何よりも花街という伝統社会に息づく数々の約束ごとも覚えなければならない。また、舞妓さんは地毛《じげ》で日本髪を結っているから、夜はテレビの時代劇で見るような箱枕で寝ており、これにも慣れなければならない。

こんなことを知っている人は案外少ないかもしれない。こうした京都花街の実状を伝えることと同時に、本書で大事にしたいことは、「なぜ」という素朴な疑問である。若い彼女たちはだれが考えても大変そうな花街で、なぜきちんと一人前に育成されているのだろうか。そもそも豊臣秀吉や※出雲阿国《いずものおくに》のころにまでさかのぼるといわれる京都花街が、なぜ現在でも知名度を保ち、だれもが行ってみたいと思う場所であり続けるのだろうか。

堅苦しい言葉が重なったが、これを京言葉でいいかえると「なんで花街というところがずーっと続いてきてはるんやろか？　今どきの若い若いおなごの子が、しんどい修業を辛抱できて、なんでちゃーんと舞妓はんになれるんやろか？」と、こんな感じに「まったり」とまるく包まれてしまう。

この本は、そんな京都花街という「秘密の世界」を、三五〇年近くの歴史をもつ伝統文化産業としてとらえ、社会科学の視点から少しでもわかりやすくその仕組みを説明し、事

花街の街並み

鴨川の床

業として継続してきた理由を明らかにしよう、という目的のもとに書かれている。

私たち日本人が心のどこかで強く惹かれる京都花街のはんなりした風情やその優雅なおもてなしが、なぜ現代までずっと続いてきたのかということ、さらに、この街が当然のようにもつこの「続く」というエッセンスは、競争社会と呼ばれる今のビジネスの世界でも役立つものではないかということを、足掛け五年の実地調査にもとづき、興味本位ではなく経営学の枠組みを用いることで真摯に考えてみたい。これは京都生まれ・京都育ちの筆者の強い気もちから生まれたものである。

ここで少し筆者の生い立ちについて触れておきたい。実家が代々下京区で米穀商を営んでいた家で生まれた筆者にとっては、舞妓さんも花街もなじみの深い存在であった。数え年六歳の六月六日にお稽古ごとをはじめると上達するという言い伝えが京都にはあるが、ちょうどそんな年齢から上方舞《かみがたまい》を習いはじめ、春や秋に開催される各花街の踊りの会には舞の勉強になるからと、幼いときから母に連れられた。夏、「※鴨川の床」に行くとお客にお酌をしている芸舞妓さんたちをよく見かけ、年末の恒例「※南座の顔見世興行」では、花街総見（各花街の舞妓さんたちが全員そろって顔見世興行を見ること）の日、ずらっと並んだ舞妓さんたちのきらびやかな装いに目を奪われてきた。

そして、お茶屋のお座敷に同席する機会をえて、お姉さん芸妓さんから幼いころ祖母が話した懐かしい京言葉で話しかけられたとき、心がほどけるような思いがした。「そうやわ、ここには、京都がずーっと続いてたんやわ。おもてなしをしてくれはる世界がずーっとあったんやわ」と自分の生まれ育った京都の不思議を痛感した。

さぁ、京言葉の雰囲気を時おり楽しみながら、京都花街の世界を探求してみよう。

「ようこそ、おこしやす」

※**紅殻格子**　細い木を縦横に組み合わせた格子状の戸。内側からは外を見通せるが、外側から内側をのぞくことができない。防腐も兼ねて着色は紅殻が使われる。

※**出雲阿国**　安土桃山時代の女性芸能者。歌舞伎の創始者とされている。

※**鴨川の床**　鴨川の川面にせりだすように床を作り、その上で料理などを楽しむ京都の風物詩。五月から九月にかけて開催されており、芸舞妓さんのおもてなしを受けることもできる。

※**南座の顔見世興行**　一二月に京都市東山区の南座で行われる特別な歌舞伎。「吉例顔見世興行」とも呼ばれ、この季節の季語にもなっている。

目　次

第1章

京都花街とは

——業界の特徴と規模

「花街」とは、※芸妓さんや※舞妓さんが住んでいて、彼女たちと遊べるお店がある街のことである。花街と書いて、「はなまち」あるいは「かがい」と呼ばれている。また、こうした街のことを、色街《いろまち》あるいは廓《くるわ》ということもある。京都では、芸妓さんや舞妓さんがいる五つの地域を総称して「五花街《ごかがい》」ということが多い。そこで本書では、これにならって、「花街」という言葉を使うことにしている。

さて、この「花街」は、現代の私たちにとっては、あまり縁がない世界のように思える。芸妓さんや舞妓さんはもちろんのこと、彼女たちの仕事の場である※料理屋や※お茶屋も、まったくなじみのない遠い世界のことだ。テレビや映画、あるいはお芝居などで、芸妓さん・舞妓さんの姿やお客と彼女たちのお座敷遊びの様子などを見たことがある、その程度がごく普通だろう。

しかし、私たちにとって、花街は実はとても身近な場所である。日本の多くの盛り場のルーツをたどると、花街として栄えてきた地域であることが多い。たとえば、大阪のキタやミナミ、東京では浅草、新橋、赤坂、神楽坂など、ネオンサインで明るい繁華街も、数十年ほど前には芸妓さんたちが行き交う、そんな風情ある街だったのだ。

一方、京都花街は、私たちが想像する日本的で粋な雰囲気を今でも残している。祇園や先斗町《ぽんとちょう》界隈《かいわい》では、夕方六時ごろになると、お座敷に向かう舞妓さんや芸妓さんたちの姿を見ることができる。あでやかではんなりとした彼女たちが、石畳の小路をしっとりと歩く美しさに見とれ、カメラを向ける観光客の姿も多い。

本章では、たくさんの人の関心を惹きつけ続ける京都花街とは、どのようなところなのかを説明する。伝統ある世界なので、その歴史的な経緯はもちろん解説するが、それだけでなく、京都花街の特徴や現在の業界規模についても、筆者の体験や観察をふまえて記述している。京都花街とはどんなところなのか、社会科学的な視点からこの世界をのぞいてみよう。

「ほな、ご一緒しておくりゃすか？　うちも、まだまだわからへんことが、ぎょうさんありまっさかいに、たいしたことは言えしまへんけど。どうぞよろしう、おたのもうします」

※**芸妓さん**　東京では芸者《げいしゃ》さん、京都では芸妓《げいこ》さんと呼ばれることが多いが、職業としての正式名称は芸妓《げいぎ》が用いられることが多い。

※**舞妓さん**　芸妓《げいぎ》さんになる前は、東京ではお酌・半玉《はんぎょく》さん・雛妓《ひなぎ》さんなど複数の呼び方があり、京都では舞妓さんと呼ばれている。本書では芸妓さんと舞妓さんを合わせて「芸舞妓さ

お茶屋（一力亭）の外観

ん」と表記する。

※料理屋　京都では、日本料理をだす（高級な）店を料理屋と呼ぶ。東京では料亭と呼ばれることが多い。料亭・料理屋の誕生の経緯は全国料理業生活衛生同業組合連合会和宴文化研究会編著『おもてなし学入門』に詳しい。

※お茶屋　芸舞妓さんのおもてなしを楽しめるお座敷を提供する、京都花街ならではの職業。詳しくは第２章参照。

そもそものはじまり

日本全国各地にある花街は、一般的には寺社仏閣や港のそば、街道筋沿いなど、人が集まる場所の近くにあることが多い。有名な東京の浅草などは、そのよい例であろう。参詣客のためにできた茶店などが発展して、花街になっていくことが多かったのである。また、「港、港に女あり」などという言葉もあるが、まさにこの言葉も花街の成り立ちをあらわしているといえよう。

歌舞音曲でお客をもてなした女性たちは、古くは平安時代の※白拍子《しらびょうし》にその起源を求めることができるが、花街として現代にも通じる形式をもつようになったのは、※江戸時代のことである。江戸時代になり、治安の安定、経済の成長、文化の発展などの理由から日本全国に数多くの花街ができ、隆盛を誇るようになった。特に人口が増加し、働き手の男性が各地から集中した江戸では、吉原のように京都の※島原を真似て政策的に作られた花街もあった。

その中で京都花街は、日本の文化の中心として特別の地位を保っていたことが、当時の資料からもうかがい知ることができる。滝沢（曲亭）馬琴は関西地方を旅行してその記録を残しているが、その中で「※凡《およ》そ洛中の大半は皆妓院《ぎいん》」と、京都花街に感嘆の声をあげている。

千年の都である京都花街には、多くの芸妓さんたちがいた。その源の一つは、豊臣秀吉の正妻ねねに仕えていた、歌舞音曲の技芸にすぐれた女性たちともいわれている。こうした女性たちに源流をもつ京都の芸妓さんたちは、歌舞音曲など文化的な技芸に秀でるだけでなく、西陣や友禅などの一流の技術力を背景に洗練されたいでたちに身を包んでいた。この結果京都花街は、江戸時代にはすでにお客を「もてなす」歓楽街としてだけでなく、一流の文化に支えられた「観光」地としても栄えていたのである。

こうした京都花街のもつ「おもてなし」と「観光」という両側面は、今でもしっかり受け継がれている。芸妓さんや舞妓さんが花街の風景を背景に京都観光のポスターやパンフレットによく登場することや、京都を修学旅行で訪れた中高生が、舞妓さんの舞を鑑賞したり一緒に記念写真をとったりして、京都旅行ならではの記念にすることからもわかるように、舞妓さんや芸妓さんは京都を体現する観光のシンボルとしての機能ももっている。

京都花街は、京都という日本の文化の中心に立地している。京都の芸妓さんや舞妓さんは京都にいることで、より美しく磨きがかけられ洗練される。さらにその彼女たちのイメージを活かして、京都花街も観光産業としての顔をもち続けてきたのである。

※**白拍子**　平安時代末期から鎌倉時代に起こった歌舞の一つ。
※**江戸時代のこと**　花街の歴史については明田鉄男『日本花街史』に詳しい。
※**島原**　京都市下京区。嶋原とも書く。
※**凡そ洛中の……**　滝沢馬琴の随筆『羇旅《きりょ》漫録』（一八〇二年刊行）の一文。この随筆は関西紀行について記しているが、この中に遊所の記述が詳しい。

五花街

現在京都には、上七軒《かみしちけん》、祇園甲部《ぎおんこうぶ》、祇園東《ぎおんひがし》、先斗町《ぽんとちょう》、宮川町《みやがわちょう》、島原《しまばら》の計六カ所の花街がある。この中で、芸妓さんや舞妓さんが住み、彼女たちが仕事場とするお茶屋のお座敷があり、現在も産業として賑わっているのは、島原以外の五つの花街である。このために、京都花街を総称して「五花街《ごかがい》」と呼ぶことが多い。

それぞれの花街が京都のどのあたりにあるかは、地図を参照していただきたい（図表1－1）。上七軒以外の四つの花街は、徒歩十数分程度の非常に近い距離に立地している。では、それぞれの花街について少し詳しく見ていくことにしよう。

上七軒

京都花街で最古といわれるのが、菅原道真《すがわらのみちざね》公を祀る※北野天満宮の近くにある上七軒である。室町時代、一〇代将軍足利義稙《あしかがよしたね》のころに、北野社と呼ばれた現在の北野天満宮の一部が焼失し、この神社の修造作業中に残った材料を払い下げてもらって七軒のお茶屋を建てたのが、上七軒の起源であるといわれている。

上七軒歌舞練場

その後、一五八七年に豊臣秀吉が北野で大茶会を催したおりに、この七軒の茶屋が休憩所となった。このことから、お茶屋の営業権をあたえられて、十七世紀前半には幕府から許可がおり、その後花街として発展していったのである。

地域的には京都の繁華街から少し離れているが、西陣に近く町家の古い家並みも残り、細い路地には隠れ家的な趣もある。また、夏期に開催されるビアガーデンは、芸妓さんや舞妓さんたちと気軽に会えることで有名であり、地元の人だけでなく、たくさんの観光客も訪れている。

祇園甲部と祇園東

五花街の中で、地域として最大の規模をもつ祇園甲部とそれに隣接する祇園東は、※八坂神社に参詣する人々にお茶をだした水茶屋が起源であり、その歴史は十六世紀までさかのぼることができる。白湯《さゆ》やお茶やお茶菓子などをだしていた水茶屋は、次第にお酒やつまみなどの料理もだすようになり、さらに水茶屋の茶立て女や茶汲み女たちが、歌や踊りを披露してお客をもてなすようになり、それを専門にする芸妓さんたちが現れ、発達していった。そして、十七世紀半ばをすぎるころには、一〇〇軒をこえる店が軒を並べていたという。

祇園甲部歌舞練場

祇園甲部と祇園東は、もともとは一つの花街であったが、明治のはじめに、京都府により祇園甲部と祇園乙部の二つに分けられた。その後、乙部という名称が甲部の下のように聞こえて不適切だということで、祇園東という名称にかえられたのである。

祇園甲部※歌舞練場の隣には「ギオンコーナー」という、日本の伝統文化を海外からの観光客にもわかりやすく紹介する催しが開かれる場所がある。ここでは、手軽に舞妓さんの舞を見ることもできるので、人気が高い。

図表1-1　京都五花街地図

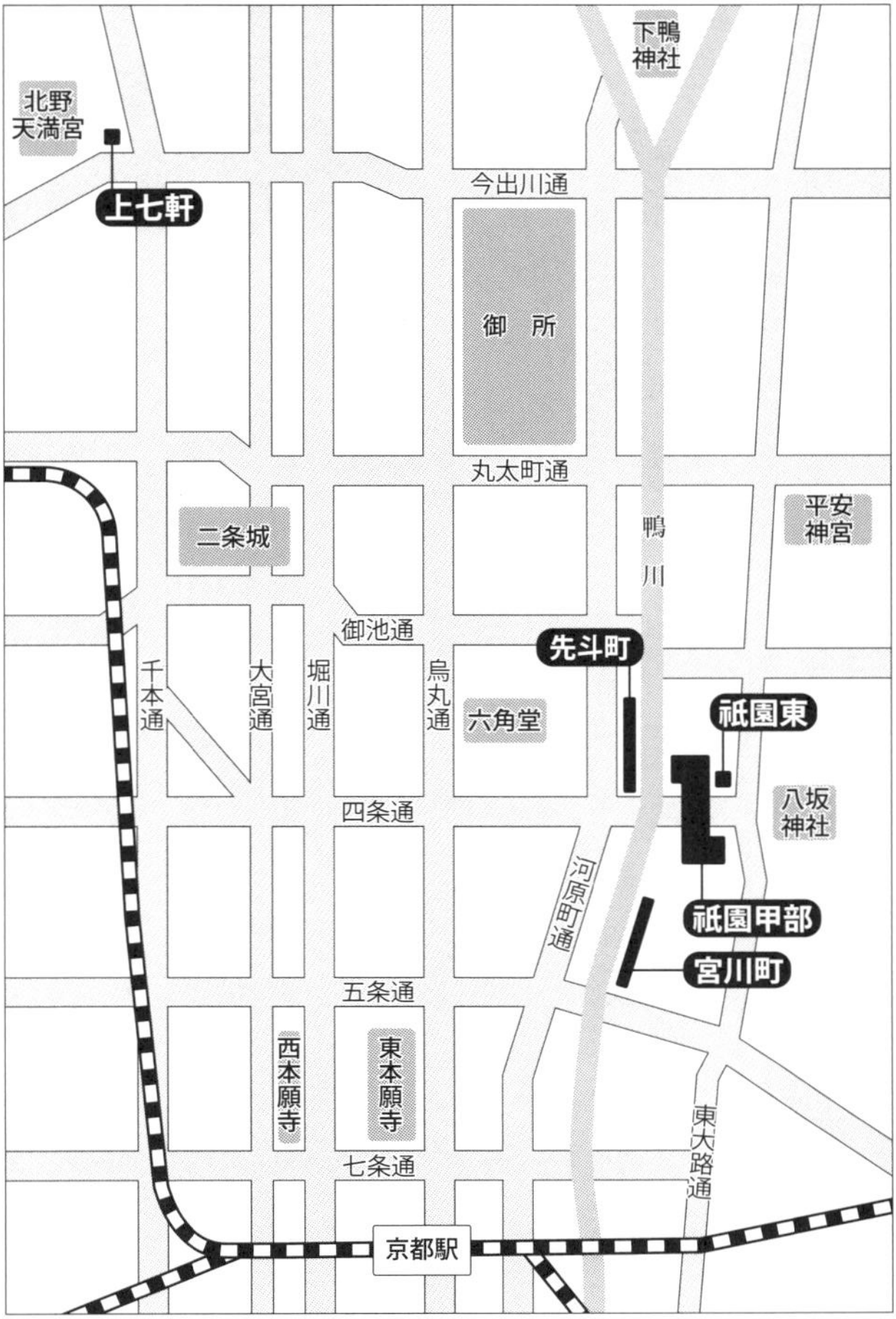

さて、祇園にあるこの八坂神社は、「祇園さん」と呼ばれ、地元の人から篤く愛されている。ちなみに、日本三大祭りの一つ、京都の祇園祭は、この八坂神社の祭事である。この祇園祭の時期には、舞妓さんたちは勝山《かつやま》というそのときだけ許される髪型を結う。また神事の一環として、舞妓さんたちの奉納舞や花笠巡行もあり、祇園祭と花街との間には現在でも密接なつながりがあることがわかる。

先斗町の街並み

先斗町

先斗町は、三条と四条、鴨川と高瀬川に囲まれた石畳の路地が風情のある花街である。先斗町と名づけられた由来ははっきりとはわからないが、語源はポルトガル語のポント（先端）・ポントス（橋）によるという説もある。

江戸時代、舟運の盛んな高瀬川に面した先斗町は、一七一二年に料理店経営許可がおり、お茶屋、旅籠《はたご》屋が立ち並ぶ町となった。そして、一八一三年には芸妓取り扱い許可がおり、花街として名実ともに成立することとなった。

祇園が祇園出身の芸舞妓さんを優先して育成し、おっとりした祇園風を大切にしてきたのと比べて、明治のころ、先斗町は芸が達者であれば出身地を問わず他の花街から移ってくる芸妓さんを抱える置屋もあった。そうした経緯もあって、先斗町には粋で芸達者な芸妓さんが多いという評判がある。

　また五月には、先斗町の歌舞練場で「※鴨川をどり」が開催される。四月、祇園甲部の「※都をどり」で京都の春がはじまるといわれるが、「鴨川をどり」では、鴨川の柳の新緑が川面に映える季節を感じ、初夏の雰囲気を味わうことができる。先斗町ならではの風物詩である。

宮川町

　宮川町は京都の中心を流れる鴨川べりにある。鴨川の河原では、有名な阿国歌舞伎が見世物として流行った歴史があるが、その後江戸時代初期にも、やはり河原には芝居小屋（現在の歌舞伎の前身）が並んだという。ここに芝居を見に来た客のためにできた茶店が、時代とともにお酒を提供するようになり、江戸中期には総合的な遊興の場となっていった。

宮川町の街並み

　歌舞伎で大向こうから声がかかる「音羽屋《おとわや》」などは、当時宮川町にあったお茶屋の名前で、ここを歌舞伎役者が常宿にしていた経緯からこの屋号がついたといわれている。
　現在の宮川町は、花街の規模のわりには舞妓さんの数が多く、春の「※京おどり」の舞台でたくさんの舞妓さんたちが踊る姿は、非常に華やかである。また、お隣の祇園には観光客の姿が多いが、そこから徒歩数分の距離にある宮川町まで足を伸ばす観光客はそれほど多くなく、比較的静かな風情を楽しむことができる。

※**北野天満宮**　京都市上京区にある、菅原道真を主祭神とする神社。
※**八坂神社**　京都市東山区にある神社。七月の祇園祭で知られている。
※**歌舞練場**　各花街が有する自前の劇場。踊りの会などの会場となっている。
※**鴨川をどり**　先斗町で五月に開催される踊りの会。現在の表記では、「おどり」であるが、花街の行事で「をどり」という名称が用いられているときは、そのままの表記を用いている。
※**都をどり**　祇園甲部で四月に開催される踊りの会。
※**京おどり**　宮川町で四月に開催される踊りの会。

五花街の特徴

これら五つの花街は、成り立ちの歴史と立地が異なるために、一口に京都花街といっても、それぞれに特徴がある。ずっと守り育ててきた街の雰囲気やもち味が、花街を歩き家並みを見つめていると何となく感じられる。また、各花街の舞妓さんや芸妓さんたちの着物や髪型、立ち居振る舞いに目立ったちがいはないが、彼女たちも言葉にできないような微妙なニュアンスのちがいを醸し出しているようである。

たとえば、この特徴を評して、地元京都の人たちは次のようなことを口にする。

「伝統と格式の祇園町、よその人を接待するんやったらここやなぁ」

「粋な先斗町、自分で遊ぶんやったらここやなぁ」

「気楽に楽しめる宮川町、ゆっくりくつろぐならここやなぁ」

「しっとり落ち着く上七軒、京都の人をお連れするならここやなぁ」

京都という狭い地域の五つの異なる花街について、それぞれを言いあらわす微妙な形容は、そうやなぁと聞き手にも納得されている。京都人やなじみ客は、この「言うに言えへん」そんなイメージのちがいを、五つの花街に対してもっているようだ。

その当否は別にして、このようなことがいわれるのは、それぞれの花街が距離的に非常に近いことが影響していると思われる。歩けば十数分の目と鼻の先の距離に四つの花街があり、少し離れている上七軒も車で移動すれば二〇分程度の距離である。花街としてそれぞれが現在の形に確立されたころから一五〇年近く、京都には五つの花街が並立しており、お互いに隆盛を誇ってきた。それができたのは、同じ業態が近くに立地するからこそ、それぞれの街のもつ雰囲気のちがいを大切にし、顧客に対して差別化をはかってきたからだろう。

芸舞妓さんの人数

京都にある五つの花街の様子を説明してきたが、では、京都花街には芸妓さんや舞妓さんはどれくらいいるのだろうか？　大正のはじめ、五花街には※一二〇〇人ほどの芸妓さんたちがいたという記録もあるが、今はそれほどの人数はいない。現在の芸舞妓さんの人数やお茶屋の軒数は図表1-2のとおりである。またここ数十年の芸舞妓さんたちの人数の変遷は図表1-3のようになる。

ここ十数年ほどは、芸妓さんは二〇〇人前後、舞妓さんは約六〇～八〇人でほぼ横ばいである。また、二〇〇八年ごろは、特に舞妓さんの数が一〇〇人を超え、舞妓さんの人数が多くなって顔と名前が一致しないという話を年配の芸妓さんから聞くこともあった。舞妓さんになりたいという希望者は、最近ではインターネットを使ってお茶屋や置屋にアクセスし、置屋のお母さんとメールのやりとりをし、夏休みなどに体験をしたうえで、花街に舞妓さん見習いとしてやってくる少女たちも増えている。

ただ、長期的傾向を考慮すると、芸舞妓さんの人数は大幅な減少後、最近やっと横ばいに転じた状況である。芸舞妓さんたちが仕事をする場、お座敷をプロデュースするお茶屋

図表1-2　芸舞妓の人数とお茶屋の軒数（2013年7月31日時点）

（人、軒）

	芸　妓	舞　妓	お茶屋
祇園甲部	69	20	61
宮川町	42	21	32
先斗町	39	8	26
上七軒	22	6	10
祇園東	11	6	10
合　計	183	61	139

京都伝統伎芸振興財団調査にもとづき筆者作成

図表1-3　京都五花街の芸舞妓数の推移

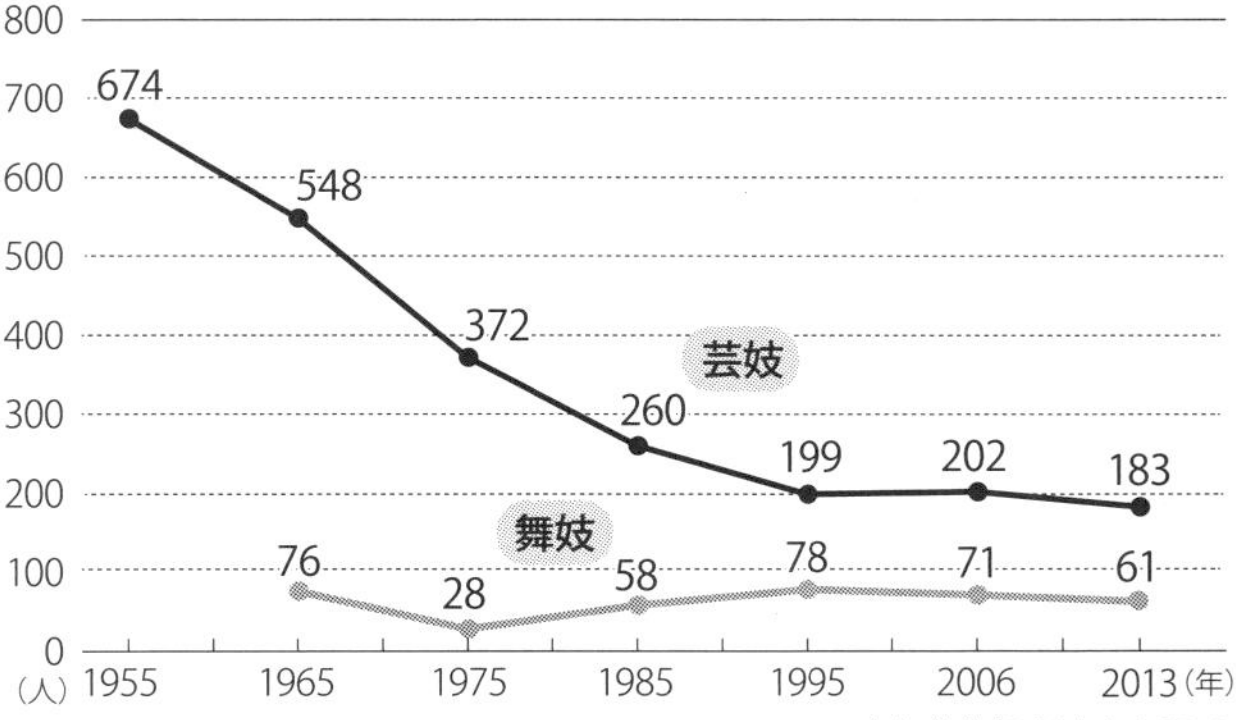

京都花街組合連合会調べ

の数が※急激に減少したことを考え合わせると、今後、数十年前の人数にまで芸舞妓さんたちの数が増えるとは考えられないだろう。

※一二〇〇人ほどの芸妓さん　明田鉄男『日本花街史』に芸妓さんの人数について詳しい記述がある。

※急激に減少　お茶屋の減少は、花街の中の業種の変更ももたらしている。一見するとお茶屋らしい町家だが、レストランやギャラリーなどに転用されているものも多い。

花街の経済規模

花街はサービス業として、あるいは観光産業として、長期の伝統をもっている。しかし、その事業規模については、業界団体や京都市観光協会などの関連ある団体からだされる正確な統計はなく、規模を推計する根拠として公表される数字が少ない。長期の伝統をもつ地域産業なのだが、その経済的な規模を特定することは非常に難しい。

お座敷をお客が利用すると、料理や飲み物の料金のほかに、芸舞妓さんたちにかかる費用として「花代《はなだい》」と呼ばれるものが請求される。この花代は、もともとは線香一本が燃える時間を基準にして、芸舞妓さんたちがお座敷にいる時間をはかったという由来がある。

したがって、花代は現在でも時間単位で一本、二本と数えられ、一本あたりの単価×本数でカウントされる仕組みとなっている。そして、一本あたりの時間と単価は各花街によって決まっている。芸舞妓さんたちの花代は、置屋をでたときから帰宅するまでの移動時間にもかかる。つまり、（移動時間＋お座敷での時間）×時間単価＝花代という計算方法が原則である。芸妓さんや舞妓さんは、京都物産展や観光のPRなどにでかけることも多いが、新幹線や飛行機に乗って地方や海外へ仕事に行く場合にも、移動時間を勘案した花代がつく。

また、事前に芸舞妓さんを指名して予約するかどうかなどによって、本数が異なってくる場合もある。花代以外に芸舞妓さんたちへのご祝儀も必要だが、そのときどきのお座敷の条件や呼ぶ芸舞妓さんによって異なることがあり、一律というわけではない。余談になるが、ご祝儀はお茶屋のお母さんにまかせておけば、呼んだ芸舞妓さんにあわせて、万事手配してくれる仕組みになっている。

たとえば、第4章で解説する舞妓さんのデビュー「見《み》世《せ》出《だ》し」や、節分の「※お化け」などの特別な行事では、お座敷にいる時間が通常より短くても、通常と同じ時間分の花代の本数がつくといわれている。

さて、このようにお座敷ごと、仕事の内容や場所などによって花代の計算方法が異なるために、花街の外からは事業規模のベースとなる芸舞妓さんの総花代の規模を推測することすら困難であることがわかっていただけたと思う。

しかし、ここはあくまでも筆者の経験を元にしたものではあるが、京都花街全体の経済規模について試算をしてみたい。かなり不確かな数字であるが、京都花街が産業としてある程度の規模を有するものであることを、明らかにしておきたいと思う。

午後六時ごろからはじめる宴席に芸舞妓さんたちを呼ぶ時間の単位は、通常二～三時間程度。たとえば、お座敷で芸舞妓さんたちと二時間遊んだとすると、その花代は場合によってかなり変動があるが、筆者の経験からは、だいたい一人二万五〇〇〇～三万五〇〇〇円程度であると想定される。彼女たちは、通常は夕方六時ごろから夜の一二時ごろまでお座敷をつとめるのが平均的だといわれている（三つ～四つのお座敷を回ることもある）。また、遠方への出張や、お昼は写真撮影会で夜はお座敷というように長時間拘束される日もあるから、平均すると一日あたりの売上は約一〇万円程度になるのではないだろうか。

花街の公休日は月二日、年末年始のお休みなども勘案して、芸舞妓さんたちは年間で三〇〇日程度はお座敷にでるので、稼働率を八五％程度とすると、芸舞妓さん一人あたりの年間総花代は、一〇万円×三〇〇日×〇・八五＝二五五〇万円という計算になる。京都花街の芸舞妓さんの人数は二四四人（二〇一三年七月三一日現在）なので、二五五〇万円×二四四人＝六二億二二〇万円という総花代が推計できる。これは非常に大雑把な数字であるが、ある程度の花代の売上規模があることがわかっていただけるだろう。

さらに、これはあくまでも花代だけの試算であり、それ以外にも花街ではいろいろな場面で金銭的なやりとりがなされている。たとえば、お茶屋で消費される料理や飲み物代にお座敷のしつらえの経費、また芸舞妓さんたちの着物に帯、履物や袋物やかんざしなどにかかる費用、髪結いさんや※男衆《おとこし》さんたちへの支払い、さらに芸舞妓さんたちの芸事のお稽古にかかる費用などもふくめて考えると、花街全体ではこの数倍の金額が動いているだろうと推測される。

「舞妓さんの着物は注文生産、オートクチュールみたいなもんやさかいに、最低でも二〇〇～三〇〇万円ほどはかかるのとちがうやろか」「舞妓さんのおこしらえに、どれくらいつこうたか、はっきりと勘定してみたことはあらへんのどす。そやけど、まぁ一億円くらいはつこうてるかもしれまへんなぁ」などといった花街関係者の談話からも、一定以上の経済規模があることが推察できる。

※**お化け**　毎年節分に行われるイベント。芸舞妓さんたちが「相撲取り」「桃太郎」などさまざまな仮装をしてお茶屋を回る。

※**男衆さん**　芸舞妓さんの着付けを担当している専門職の男性。

よそさんの花街の様子

さて、京都花街の様子をとりあげてきたが、江戸時代に隆盛を誇ったほかの花街は、現代ではどのようになっているのだろう。大阪・東京という日本の二大都市に着目して、その様子について、ここでは紹介したい。

江戸時代から、大阪や東京にも京都花街に並ぶような有名な花街があり、明治を経て昭和半ばまで隆盛を誇っていた。たとえば、花街が最盛期を迎えたといわれる昭和四（一九二九）年、※大阪の花街には約五三〇〇人の芸妓さんが、※東京の花街には約七五〇〇人の※芸者さんがいたという。ところが、大阪と東京の花街の数とそこで働く芸妓《げいぎ》さんの数は、昭和四〇年以降急速に減少している。

大阪の南地《なんち》には、能舞台や茶室などがある日本を代表する有名なお茶屋「※南地大和屋」があった。この大和屋には、芸妓さんを養成する学校「大和屋技芸学校」も併設されていた。上方舞で有名な武原はん氏は、この学校の出身である。昭和三〇年代半ばには、この大和屋技芸学校に所属する「養成」と呼ばれる生徒は約一〇〇人、大和屋の芸妓さんが約二〇〇人おり、南地全体では千数百人の芸妓さんがいたそうである。しかし、最近では、この南地と北新地をあわせても、芸妓さんは十数人程度しかいない。

図表1-4　東京の花街の芸者数・料亭数（2005年時点）

（人、軒）

	新橋	赤坂	芳町	神楽坂	浅草	向島	合計
芸　者	80	39	15	34	54	120	342
料　亭	16	7	1	9	10	18	61

全国料理業生活衛生同業組合連合会調査にもとづき筆者作成

図表1-5　東京花街の芸者数（うち半玉）・料亭数（2014年2月4日時点）

（人、軒）

	新橋	赤坂	芳町	神楽坂	浅草※	向島	八王子	合計
芸　者	56	22	7	21	25	89	16	236
うち半玉	0	0	0	0	1	7	0	8
料　亭	8	6	1	4	8	17	3	47

※ 組合所属の幇間5名　　浅原須美氏提供資料にもとづき筆者作成

一方東京では一九九九年、柳橋の有名料亭「いな垣」が廃業し、花街としての柳橋がなくなったあと、東京の花街は、新橋・赤坂・芳町・神楽坂・浅草・向島の六花街になっている（図表1-4）。東京六花街の実状に詳しい浅原須美氏（『東京六花街』の著者）によると、八王子を加えた東京の花街のデータは、図表1-5のようになり、東京で就業する芸者（芸妓《げいぎ》）さんの人数は、昭和初期の数パーセントにまで減少している。人口や経済規模が拡大する一方で、東京や大阪の花街は急速に寂れていったことが、この芸者（芸妓）さんの人数の変化からわかる。

このような※花街の衰退は日本全国各地でも顕著であるが、一方で全国の花街の中には新しいとり組みをするところもある。

新潟の古町では、置屋を株式会社化し、若年の芸妓を毎年採用している。金沢の三茶屋街では、観光客向けのお昼のイベントなどを実施している。長崎の円山町では、街歩きツアーで料亭を訪れ、芸妓の技芸を体験できるものもある。温泉都市熱海のように芸者さんが宴席に出向く機会や踊りの会などが観光資源として機能しているところもある。

東京でも、花街らしい風情を残した路地や坂道が続く神楽坂では、花街を知ってもらおうという目的で、一般の人たちも参加しやすいイベントがＮＰＯの主催で開かれている。浅草では、浅草文化観光センターで、芸妓のお座敷踊りが入場料無料で鑑賞できる催しも開催されている。

このように花街という地域の特性をまちづくりとその活性化に活かそうとする新しい流れが、複数の地域で見受けられる。

※**大阪の花街**　南地（今のミナミ）・曽根崎（今の北新地）・新町・堀江・松島・飛田・住吉の計七カ所の花街があった。

※**東京の花街**　新橋・柳橋・浜町・芳町・日本橋・赤坂・下谷池之端・浅草・神楽坂・富士見町・四谷荒木町・四谷大木戸・麻布・白山・駒込神明町・湯島天神・講武所・烏森・新富町・霊岸島・深川・向島・吉原・洲崎・新宿・品川・五反田・目黒・渋谷・玉川・調

布・青梅・八王子の計三三カ所の花街があった。

※**芸者さん**　東京では「芸者《げいしゃ》さん」が用いられているので、ここでは地域の呼び方にならって、芸者さんと表記している。

※**南地大和屋**　明治一〇（一八七七）年に創業した、大阪を代表するお茶屋。調理部門や芸舞妓さんなど遊興に必要なすべてのものを内製化し、大規模化・高級化していった。

※**花街の衰退**　全国料理業環境衛生同業組合連合会『全国花街報告』参照。

京都花街の特色とは

さて、大阪や東京と比較すると、京都花街は業界としてその数を維持していること、芸舞妓さんとして就業する人の減少が緩やかであることがわかる。バブル景気崩壊後、京都花街ではお茶屋や置屋の廃業が話題になり、減少の傾向は続いているが、伝統的なおもてなしをコーディネートする事業者（京都ではお茶屋、東京では料亭）が一〇〇軒以上ある地域は、京都以外にはない。また、芸舞妓さんの人数の減少が昭和四〇〜五〇年ごろ、問題となったが、大幅な減少傾向はここ十数年ほどはとまり、東京や大阪の花街のような急激な減少、業界としての規模の縮小に拍車がかかっている状況とは、京都花街は明らかに異なっていることがわかる。

京都花街にデビューする芸舞妓さんの数は、ここ十数年毎年二〇〜三〇人程度である。日本全国から、芸事の経験がほとんどなく、京言葉を話すことができない少女たちが京都花街にきて、約一年の修業のあと、プロとして仕事をしているのである。現代の若者が敬遠する、辛さが想像できるような伝統的な職業である芸舞妓さんになるため、親元を離れて文字どおり飛び込んできているのである。

京都花街はこうした少女たちを受け止め、芸舞妓さんの後継者として育成し、芸舞妓さんらしさや花街らしさを継承しながら、他の地域の花街が寂れた中で、現在でもある程度の経済規模を有している。つまり、京都花街は、伝統や古い慣習によって培われている伝統文化産業の世界を敬遠する若者たちが後継者として定着することが続き、しかも業界として継続しているまれな産業ではないか、そんな姿が浮かびあがってくるのである。

それでは、この京都花街の強さの秘密はどこにあるのだろうか？　なぜ、ずっと続いてきたのだろうか？　第2章では、そんな疑問に答える糸口として、京都花街を支える高度技能専門職の女性たちについて見ていこう。

第2章

芸舞妓さんとお茶屋と置屋

——高度技能専門職の女性たち

京都花街の舞妓さんや芸妓さんたちは、日本舞踊はもちろんのこと、三味線・太鼓・鼓・笛などの邦楽器を演奏し、※長唄・※小唄・※常磐津《ときわず》などを唄い、立ち居振る舞いの基礎として茶道のたしなみもある。このような日本の伝統文化を身につけたうえで、日々のお座敷では、芸事の披露だけでなく、お客を楽しませることを仕事としている。芸事を習得するだけでも大変な努力が求められるうえに、お客の心を読み最適なおもてなしを提供する技も会得しているのである。夏の暑い盛りの「鴨川の床」で、白塗りのお化粧に豪華な衣装を身につけて、汗一つかかずにこやかに応対するさまを見ていると、涼やかな気配さえ感じることがある。まさに彼女たちは、サービス業のプロ中のプロといえよう。

舞妓さんや芸妓さんだけではなく、花街にはプロと呼ぶに値する女性たちがたくさんいる。たとえば、お茶屋のお母さんは、季節感に配慮したお座敷に料理をコーディネートし、宴席の目的にふさわしい芸舞妓さんの手配をして、お客に心から喜んでもらえるために、おもてなしの場全体をプロデュースする。また、※置屋（京都では屋形《やかた》と呼ばれることが多い）のお母さんは、若い芸妓さんや舞妓さんたちを育成する責任者として、日常生活をともにしながら修業期間から独立するまで数年間かけて、芸事から花街のしきたりに至るまでを、根気強く教育している。こうしたお母さんと呼ばれる女性たちは、花街で独立自営業者として長年営業している、専門技能と経営者的な視点を兼ね備えたプロである。

京都花街というと、着物姿も美しい洗練された女性たちが住むところというイメージが強いが、実は、この女性たちは、美しさだけでなく、高度な技能をもつ専門職として、時代の変化にしなやかに対応しながら花街をずっと支えてきた。まさに、京都花街は、たくさんの高度技能専門職の女性たちが担い手となり、経営手腕を発揮してきた地域産業であるといえる。

そこで、本章では、京都花街という伝統文化産業を支える高度技能専門職の女性たちを紹介していく。舞妓さんとは、芸妓さんとは、いったいどのような専門職なのだろうか。また、お茶屋や置屋のお母さんはどのようなことをしているのだろうか。そんな素朴な疑問に答えながら、おなごはんの街、京都花街の強さの秘密に迫ってみようと思う。

「おなごはんがぎょうさんおいやす世界を、少し見せてもらえしまへんやろか。おじゃませぇしまへんように、よう気いつけますさかいに、どうぞ、おたのもうします」

※**長唄**　江戸の音曲の一つ。複数人の歌と三味線で成り立つ。
※**小唄**　江戸末期にはじまった三味線音楽の一つ。一曲三分程度と、曲が短いのが特徴。
※**常磐津**　一七四七年に常磐津文字太夫によって興された音楽。
※**置屋**　年季の明けていない芸舞妓さんたちが育成され、所属するタレント事務所的な事業者。詳しくは本章参照。

舞妓さん

舞妓さんは年季奉公

舞妓さんになれるのは、義務教育を終えた一五歳からおおよそ二〇歳くらいまでの女性である。年齢と性別以外のこと、たとえば、出身地や芸事の経験、身長や体重などが、舞妓さんになるための条件として厳しく問われることはない。眼鏡をかけた舞妓さんはいないけれど、コンタクトレンズを使っている舞妓さんはいるから、視力も問題にならない。身長が一六五センチをこえてしまうと、高さ一〇センチほどある※おこぼを履いて日本髪を結うと一八〇センチほどになるから、多少人目を引くこともあるが、背の高い舞妓さんが好みというお客もいるから、身長もよほどのことがなければ特別な壁とはならない。

要は、本人のやる気と保護者の了解、そして一人前になるための修業期間（※年季と呼ばれる）を引き受けてくれる置屋があれば、京都花街で舞妓さんになることができる。実際に日本中いろいろな地域から、舞妓さんにあこがれて、中学卒業直後や高校を中退した少女たちがやってくる。彼女たちの多くは芸事の経験はなく、ましてや実際のお座敷がどういうところなのか、まったく知らなかったと話してくれる。テレビゲームや携帯電話に親しんだ現代っ子と呼ぶにふさわしい少女たちなのである。

この年季の間は、舞妓さんの生活費の面倒もお稽古にかかる費用も、また高額な衣装も、すべて置屋が面倒をみてくれる。舞妓さんになりたいという希望と努力を続ける意思、そして健康な体が、彼女たちの提供する資本なのである。それを見込んで置屋のお母さんが愛情や専門知識、金銭的な資本を注いで、数年かけて一人前の舞妓さんに育て上げるのである。舞妓さんをしている期間は、年季奉公＝見習い修業中だから、労働者としてみなされず、一八歳未満でもお座敷に同席することが可能である。また年季中は給料はなく、彼女たちはお小遣いをもらっている。そして花街でプロとしてやっていくための専門技能を身につけ大人の女性としての魅力が増した二〇歳ごろに、芸妓さんとして独立し花街で生きていくかどうかを、彼女たち自身が選択するのである。

おこぼ

舞妓さんと半玉さん

芸妓さんを芸事のエキスパートでお座敷を切り盛りするプロ中のプロだとすると、舞妓さんたちはプロ見習い、インターンにたとえられるだろう。だからといって舞妓さんたちは、単なるお座敷の花ではない。お座敷で舞を披露するだけでなく、おもてなしのプロとしてお客たちと会話をし、座を盛り上げることも求められる。しかも、その場に応じた臨機応変な対応を身につけていくことも必要である。

ところで、舞妓さんという呼び名は、京都に独特のものである。東京では、芸者さんになる前の若い女性は半玉《はんぎょく》さんと呼ばれることが多いが、芸者さんと比較して※玉代が半分になったことがその名の由来だという。京都では、お座敷で主に舞を披露する若い女性だから、「舞妓さん（舞をする少女という意味、舞子という表記もある）」という呼び名がつけられたらしい。なお、花代は芸妓さんと同額である。

戦前までの舞妓さんは主に一〇歳から一五歳ぐらいまでの少女であったため、おっとりしたかわいらしさが好まれ、お座敷で舞を舞う以外には、あまり話をしないのが好《よ》しとされた。そのためお座敷が長くなると退屈したり眠くなったりすることもあり、当時は舞妓さん同士の会話に用いる、指を使った符丁言葉があったそうである。

舞妓さんの装束

さて、舞妓さんの装束は、友禅染の着物に西陣織の帯が基本である。着物は振袖で肩と袖には※縫い上げがされている。着物の肩と袖にある縫い上げは、これはまだ子どもであるという日本古来の風習で、※地毛で結う京風の髷《まげ》に花かんざしもたくさんつけて、あくまでもかわいらしさと幼さを強調している。帯は全長約七メートルほどある長いもので、後ろ姿の美しさをだすためにだらりと長くたらした結び方をするので、※だらりの帯といわれる。

この舞妓さんの装束は、江戸時代末期の京都の町娘の風俗であるといわれており、明治期の舞妓さんの写真と現代の舞妓さんとを比較しても、その衣装にほとんど変化は見られない。この理由について、ある置屋のお母さんは、次のように語ってくれた。「そら、舞妓はんや芸妓はんの衣装や髪型を、時代考証というのどすか、専門家の方が詳しいに見はったら、なんやおかしいと思わはるところがあるかもおへんどすなぁ。そやけど、長いこと続いてきた中で、舞妓はんらしい、芸妓はんらしい、かわいいなぁ、きれいやなぁと、思うてもらえるものが残ってきたのと、ちがいますやろか」。

※舞妓さんと芸妓さんの装束は、花街の長い歴史の中で、それぞれの職種の特徴、たとえば年齢や技能などにあわせて、もっとも美しくバランスがよいと思われる姿が残されてきたのではないだろうか。だから、現代の私たちが見ても、京都らしい伝統美と女性美を

舞妓さんの装束

だらりの帯

その装束から感じることができるのだ。

高度技能専門職としての舞妓さん

舞妓さんの技能の基本は、その名前があらわすとおり、舞である。舞妓さんになりたいと思って京都花街にやってきた希望者たちは、まず「日本舞踊」を習得することが求められる。花街にある芸舞妓さんたちの技能訓練の場である学校（「※女紅場《にょこうば》」と呼ばれる）や、お師匠さんの個人稽古、また置屋の※お姉さんやお母さんからもお稽古をつけてもらって、徹底的に基礎訓練をうけるのだ。

舞妓さんたちは、お座敷では芸事として舞を披露することが専門であるが、だからといって、日本舞踊ができればそれだけでいいというわけではない。お座敷芸での「日本舞踊」は、「踊り＋楽器の演奏＋唄＋お座敷のしつらえ」＝「おもてなし」の芸事として成立する。つまり、複数の芸舞妓さんが息のあったコラボレーションをして、季節に応じた演目をきちんと披露しないと、お座敷での芸事とは呼べないのだ。そのためには、舞妓さんたちは、邦楽について基礎知識を身につけ、さらに何か楽器の演奏のお稽古をすることが必要である。そうすると、※地方《じかた》さんと呼ばれる邦楽担当の先輩芸妓さんの専門技能の高さがわかり、いっそう自分のパートである舞についてお座敷での役割が理解でき、自覚をもってお座敷で舞うことができ、技能が高まっていく。単に自分が上手に舞えればいいという気もちだけでは、舞妓さんとして一流になれないのだ。

また、芸事だけができれば、よい舞妓さんであるわけではない。舞妓さんたちはお座敷での立ち居振る舞いやお客との会話を通して、相手を深く思いやる心をもつことも求められる。おもてなしのプロになるためには、舞妓さんたちは、芸事の習得に励むだけでなく、お客をもてなすために必須の気配りについて学び、サービス・プロフェッショナルとして「※座持ち」に秀でるために、日々専門性を磨いているのだ。

※**おこぼ**　舞妓さんだけが履く、高さ一〇センチほどある桐でできたぞうり。慣れるまでは非常に歩きづらい。
※**年季**　一人前の芸妓さんになるための修業期間で、通常は数年間。この期間があけるまでは芸舞妓さんは置屋に住み込み、原則給料は発生しない。「年期」と書くこともある。
※**玉代**　花代のことを、東京ではこう呼ぶ。
※**縫い上げ**　七五三参りの女児の着物などにこの風習は残っている。
※**地毛で結う京風の髷**　現在も舞妓さんの日本髪は地毛であるから、普段着はいつも着物である。髪を結い直すのは一週間に一度程度で、毎日自分でときつける。箱枕で気をつけて寝ていても、新人のころは日本髪が崩れることが多いため、毎朝の丹念なとき直しが必要である。
※**だらりの帯**　舞妓さんに特有の帯の結び方。帯の先端をひざ裏にかかるくらいに垂らすた

め、このように呼ばれる。

※**舞妓さんと芸妓さんの装束**　舞妓さんと芸妓さんの装束のちがいは、本書六七ページ参照。

※**女紅場**　現役の芸舞妓さん全員が在籍する学校のこと。詳しくは第7章参照。

※**お姉さん**　先輩の芸舞妓さんのことを、後輩は「お姉さん」と呼ぶ。お姉さんの名前をつけて「○○さん姉さん」と呼ぶことも多い。

※**地方さん**　邦楽の唄や三味線などの演奏を専門とする芸妓さんのこと。あるキャリアをつんだ芸妓さんは、地方さんか舞を専門とする立方《たちかた》さんか、どちらかのキャリアを選択する。

※**座持ち**　芸舞妓さんの評価基準の一つ。詳しくは第6章参照。

芸妓さん

芸妓さんと芸者さん

一般に芸者さんと呼ばれることが多い、お座敷でお客をもてなす職業は、正式には、「芸妓《げいぎ》」という。日本にいくつかある花街には、芸妓組合《げいぎくみあい》という、その花街に所属する芸舞妓さんが加入する組合員組織もある。

京都花街では芸妓さんのことを芸妓《げいこ》さんと呼び、一方、東京では、芸者さんと呼ぶ。芸妓さんも芸者さんも職務の内容に差があるのではなく、花街で働く女性のサービス専門職をさす地域の呼称なのだ。本書では、京都花街をとりあげているので、ふりがなが振ってある場合以外は、芸妓と書いて「げいこ」と読んでいただきたい。

京都の舞妓さん、東京の半玉さんは、花街での経験が浅い若い女性に対して使われる呼び名だが、芸妓さんや芸者さんは、芸事に秀でお座敷をとり仕切る技能があるとみなされる女性に対する職業的な呼び名である。つまり、お座敷では、芸妓さんは、後輩の舞妓さんたちの様子に目配りするのはもちろんのこと、お客が楽しんでいるか、何を求めているのかをすばやく察知して、提供するサービス内容を決定し、お座敷そのものを組み立てていかなければならない。

芸妓さんの装束

「舞妓はんやったら、まぁ恥ずかしないように舞ができはったら、ええのんどすけど、芸妓はんは、そういうわけにはいかしまへんのどす。芸事のことはもちろん、舞妓はんのときとは比べもんにならへんほど、厳しい見られますし、お座敷では、周りのことをちゃんと見て、他の姉さんにいわれる前に、気い使うて、さっと何でもできてあたりまえなんどす。芸妓はんは、責任が重うなりまっさかい、その自覚をもたな、なれしまへんのどすなぁ」と、あるお茶屋のお母さんが、舞妓さんと芸妓さんのちがいについて、語ってくれた。

まさに、芸妓さんは、おもてなしのプロ中のプロなのだ。

芸妓さんはかつら

さて、芸妓さんの装束は、着物の袖は短く、帯は※お太鼓に結ぶ。京都の芸妓さんは、お座敷では裾を引きずって着る※お引きずりの着物を着て、日本髪のかつらをつけるのが、正装である。舞妓さんに比べて、着物や帯の柄も地味目になり、日本髪に挿すかんざしも少なくなり、すっきりとした「粋《すい》な」、大人の女性の美を表現している。

お引きずりの着物

明治や大正のころの写真を見ると、芸妓さんの日本髪は舞妓さんと同様に地毛で結いあげられていたが、数十年ほど前から芸妓さんだけかつらにかわった。現在では、芸妓さんは、※特別な行事以外は地毛で日本髪を結うことはなくなっている。長期間日本髪を地毛で結うと地肌への負担が大きく、場合によっては引っ張られた頭皮の一部分の毛が薄くなってしまうことがあるという。芸妓さんのかつらの使用は、このような地毛による髪結いの負担を減らし、芸妓さんたちが生活しやすくするための工夫として生まれたものが、どの花街でも定着した結果である。

自前さん芸妓さん

舞妓さんから芸妓さんにかわる年齢はだいたい二〇歳すぎ。一五歳で置屋に住み込みはじめ、舞妓さんを数年つとめ年季期間を終えたあと芸妓さんとなり、二二、二三歳で置屋から独立することが多い。こうして置屋から独立した芸妓さんを「自前《じまえ》さん」と呼ぶ。自前さん芸妓さんになるということは、独立自営業者になるということを意味する。

以前はスポンサーになる「※旦那さん」を見つけて、自前さんになる芸妓さんが多かったというが、現在では、そういう芸妓さんはほとんどいない。一人暮らしをするためには、住むところを決めて賃貸契約を結び、家電製品や日用品を買いそろえることまで、芸事とは異なり経験が乏しいことの連続で、しかもかかる経費も並大抵ではない。さらに舞妓さん時代は着物も帯も置屋にあるものを使っていたが、自前さんになれば、すべて自分でそろえなければならない。芸妓さん用のお引きずりの着物やお座敷で締める帯は、いわゆる注文生産、オートクチュールに相当するようなものだから、かなり高額になる。だから、呉服屋に着物代のローンを抱えて、芸妓さんになる人が増えているという。

また、お稽古事の月謝や踊りの会の切符の購入、花街のおつきあいの経費など、恒常的な支出も多く、自前さん芸妓さんになるためには、芸事により専念し努力を重ねることだけでなく、自分の生活をマネジメントする才覚も必要である。

屋外を歩く芸妓さん

「芸」は売っても「体」は売らない

「芸」を売る「芸妓《げいぎ》」に対して、以前日本にあった「公娼《こうしょう》制度」の枠組みの中では「体」を売る人が「娼妓《しょうぎ》」と呼ばれたが、この両者の存在がどうも混同されることが多いようなので、ここで少し詳しく説明しておこうと思う。

実は、「売春防止法」が公布される昭和三一（一九五六）年までは、ほとんどの花街で、芸妓さんと娼妓さんがいた。当時の警察部遊郭統計によると、各花街の芸妓さんと娼妓さんの人数はそれぞれ別に集計されており、異なる職業として認識されていたことがわかる。

公娼制度が廃止された現代でも、花街の言葉には当時の様子をあらわしたものが残っている。芸妓さんや舞妓さんは長く裾を引いた着物を着るが、屋外など裾を引きずって歩くことができないところでは、必ず左手で「褄《つま》（着物の衿《えり》下の部分）」をもつ。このことは「左褄《ひだりづま》」と呼ばれる。「左褄をとる」という言葉が「芸妓《げいぎ》になる」という意味をもつのは、このことに由来する。

この左褄に対して、※花魁《おいらん》などの遊女、また和装の衣裳の新婦は右手で褄をとる。これは、右手で褄をもてば、着物の合わせ目は右、そして長じゅばんの合わせ目も右にあり、男性の手が裾に入りやすいからであるという。芸舞妓さんのように左手で褄をもてば、着物と長じゅばんの合わせ目が反対になり、男性の手が入りにくくなる。つまり、左褄は「『芸』は売っても『体』は売りませんよ」、という当時の芸舞妓さんの気もちを表現した所作なのである。

なお、「体を売る」といったことは、現代では、まったく行われていない。芸舞妓さんたちについて、「※水揚げ」といった言葉に代表されるような間違ったイメージが日本だけでなく世界的に見ても流布しているのは、とても残念である。おもてなしのプロである芸舞妓さんたちの職業を、正しく理解していただきたいと、切に願うものである。

※**お太鼓**　女帯の結び方の一つ。お太鼓といわれる帯の膨らんだ部分が背中にあるので、このように呼ばれる。江戸の亀戸天神に太鼓橋ができたのを祝って芸者さんたちがはじめたことから、この名がついたといわれている。

※**お引きずりの着物**　一般に着物は、身丈より長い部分を胴部でたくし上げて、裾を引きずらないように着る。芸舞妓さんはこれをせずに裾を引きずるように着る。

※**特別な行事**　祇園甲部の「都をどり」の総踊りや鳴り物担当の芸妓さんは、京島田という日本髪を地毛で結うことがある。

※**旦那さん**　芸舞妓さんの経済的なサポートをし、彼女たちの芸の上達を支援する男性。詳しくは本章コラム（六九ページ）参照。

※**花魁**　位の高い娼妓の呼称。

※**水揚げ**　芸舞妓さんが初めて旦那さんをもつための儀式のこと。現在ではまったく行われておらず、この言葉のもつ暗いイメージと現代の花街とのギャップは大きい。

お茶屋

お茶屋はイベント企画会社

「お茶屋」というのは、お座敷をコーディネートする職業のことで、いわゆる風俗営業法の接待飲食等営業2号営業に該当する職業である。

さて、お茶屋というこの呼び名は、花街がもともと、八坂神社、北野社などへの参詣客のための茶店が発展してできた、という歴史に由来する。そのためだろうか、お茶屋と茶店が混同されて「tea house」と英訳されることがある。

しかし、お茶屋の「お母さん」と呼ばれる経営者は、「一見さんお断り」といわれる完全会員制度のもと、お客の好みや利用の目的にあわせて、芸舞妓さんや料理などを手配し、お座敷のしつらえを組み立てる、まるでイベントのコーディネーター兼プロデューサーのような役割を担っている。このお茶屋の機能にそって英訳するなら、「banquet coordinator」が適切だろう。

さらにお客が相談すれば、料理屋や二次会の場所の紹介、お土産や宿泊先の手配までしてくれることもある。そして、このような場合は、かかった経費はすべてお茶屋が立て替えて支払い、後日お座敷の利用に関する分と、お茶屋の紹介でお客が利用した二次会の経費や宿泊代などをまとめてお客に請求することになる。

お茶屋の業務内容

さて、お茶屋の業務内容は、実は多方面にわたっている。いわゆるお茶屋業として想像されるようなお座敷やホテル・料理屋の宴席に限らず国内外で開かれる京都物産展や観光関連の催しに芸舞妓さんを派遣することもあるし、絵や写真のモデルとして紹介することもある。最近では、修学旅行生向けに宿泊先のホテルや旅館に芸舞妓さんを派遣し、舞妓さんの装束の説明や舞の実演をしたあと、舞妓さんと修学旅行生が記念撮影するといったイベントを企画することも増えている。このようにお茶屋のお母さんは、お客の要望に対し、非常に柔軟に対応しているのである。

お茶屋の鑑札

また、四〇年ほど前からはじまったお茶屋の中にバーを設ける「お茶屋バー」は、お客が気軽にかつ安価にお茶屋を利用できるということで花街に広く普及してきている。お茶屋に併設されているので、一見さんお断りのバーがほとんどであり、なじみ客にとってはお茶屋のお母さんの顔を見て、ゆっくりとくつろぐことができる場となっている。また、カラオケ設備を置いているお茶屋バーもあるなど、お客のニーズにあわせた工夫がされている。

お茶屋のつくり

お茶屋は、いわゆる「ウナギの寝床」と呼ばれる、間口が狭く奥行きが深い京町家のつくりになっている。まず格子戸をくぐると玄関の間があり、お座敷のある二階へ続く階段がすぐ見える。お客はすぐ二階へ案内されるが、この二階には板の間の踊り場に面して二〜三部屋のお座敷があることが多い。

二階がお座敷というおもてなしの空間だとすると、一階部分はプライベートな空間の意味合いが強い。玄関の間の次の部屋はお台所《だいどこ》と呼ばれるが、この京町家のお台所はいわゆるキッチンのような場所ではなく、事務室兼居間のような部屋である。このお台所の次は奥の間で、お母さんの部屋となっている。そのさらに奥に中庭があり、中庭を囲む縁側にそって洗面所や便所がある。また、中庭のむこうに「離《はな》れ」と呼ばれる奥座敷があることもある。

お茶屋の専門性

このようにお茶屋とは、芸妓さんや舞妓さんたちを呼んで遊興する場を提供する事業者である。「お座敷」と呼ばれる部屋をいくつかもって、お客の要望に応じて芸妓さんや舞妓さん、お酒、料理など、遊興に必要なすべてのものを段取りする。お茶屋は花街とお客とをつなぐ場をしつらえ、それを管理経営する仕事である。

そして、そこの経営者であるお母さんは、お茶屋ならではのサービスを提供するために、しつらえの独自のセンスを研ぎ澄まし、料理屋や芸舞妓さんたちのサービスの質を見極めて、お客に応えるための組み立てを考えている。お座敷でお客の表情や顔色をチェックすることはもちろん、その後の客足からも顧客満足度に細心の注意を払い、日々自分の店ならではのおもてなしの技を磨いている。

このような業務内容のお茶屋は、そう簡単に新規開業できるものではない。開業のためには、花街の慣習に明るいこと、花街の中に適当な場所とお茶屋らしい建物を確保すること、一見さんお断りであるから開業当初からある程度の贔屓《ひいき》客をもっていること、お客の立て替え払いができるキャッシュフローを有すること、花街の芸舞妓さんとも顔なじみでかつ彼女たちの技量を把握したうえでスムーズな手配が可能であること、料理屋とのつな

お茶屋の奥行き

お茶屋の床の間

がりがあり、お客のニーズにあわせた仕出しの無理を聞いてもらえることなど、いくつもの条件が考えられる。こうしたことからもお茶屋のお母さんがもつ技能の複雑さとその専門性の高さがわかるだろう。

置屋

置屋とは

置屋は日本全国で通じる一般的な呼称であるが、京都花街では置屋のことを屋形《やかた》あるいは子方屋《こかたや》と呼ぶことが多い。この花街ならではのお店は、若い女性に芸事やしきたりを教え、着物を用意して、舞妓さんや芸妓さんとしてお茶屋へ送り出す、いわば芸能プロダクションのようなところである。置屋から見れば、芸舞妓さんたちは、置屋が抱えるタレントのような存在である。置屋でお母さんと呼ばれるのは経営者の女性で、彼女が暮らす住まいに、舞妓さんやまだ年季のあけていない芸妓さんが住み込んで暮らしている。

置屋のお母さんは、自前さんになる前の芸舞妓さんたちと生活をともにして、芸事や花街のしきたり、京言葉だけでなく、箸の上げ下ろしなど日常生活のマナーについても、毎日毎日、生活の中で繰り返し辛抱強く教育にあたっているのである。

舞妓さんの面接

第二次世界大戦以前までは、置屋に来ることになった女性たちは、家庭の経済的事情で、花街にやってきたという哀しい過去をもつ場合が多かった。「身売」などと称されることもあったが、これは、奴隷のように人身売買されるわけではなく、「前借《まえがり》」といって、現在でいえば何百万円という単位のお金を置屋が親に貸し付け、その分を娘が働いて返すというシステムである。この前借を清算し終わるまで置屋に身を預けて働く期間を「ねんき」と呼び、年季もしくは年期という文字をあてる。

現在では身売などという話はまったくない。芸妓さんや舞妓さんにあこがれて、自らの意思でやってくる女の子ばかりが置屋の門をたたくのである。芸舞妓さん希望者は、テレビや修学旅行で舞妓さんを見た、※変身舞妓をしたなど、さまざまなきっかけで京都花街にやってくる。ときには、親の反対を押し切って、という少女も見受けられる。そうした事情もあって、芸舞妓さん希望者と置屋のお母さんとの面接のおりには、保護者同伴であることが望ましいと、あるお母さんは話している。これは、未成年者であれば当然保護者の承認が必要であり、またこの花街の仕組みを、しっかりと保護者に説明し、理解してもらい、希望者本人も保護者も納得のうえで、芸舞妓さんを目指して置屋での生活をスタートすることが、簡単に辞めることを防ぐために重要だからだ。

さて、最近ではホームページなどを通じて花街にアクセスしてくる少女たちが増えている。そうした希望者とは、最低でも一〇回以上はメールでやりとりをして、本人の適性を見極めることがあると、あるお母さんが話してくれたことがある。昔は紹介者がいるため辞めてはいけないという思いが本人にあったが、簡単にアクセスできるようになると、簡単に辞めてしまうことにもつながりかねない。また、春休みや夏休みなどに、舞妓さんになりたいという希望者を、置屋が一週間程度預かることもある。舞妓さんがどういう生活をしているのかを実際に体験して、自分につとまるかどうかを本人に判断してもらうと同時に、置屋の側も、面接でやる気はあると話す希望者が、厳しい修業時代を本当にがんばりとおすことができるかどうか、適性を確かめるのだ。

芸舞妓さんになるということは本人にとっても、人生の大切な決断であるが、置屋のお母さんにとっても、育成のためにかかる期間が長く、ばく大な経費がかかるために、きちんとした子を修業に迎えることができるかどうかは、経営上、大変重要なポイントになるのである。

面接でＯＫがでれば、舞妓さん希望者が中学生かそれ以下ならば中学を卒業してから置屋に入り、卒業していれば一日でも早く修業に入らなければならない。普段着と身の回りの品をまとめれば、すぐ置屋に住み込むことができる。この日から見習いにでる日まで少女は「仕込みさん」と呼ばれることになる。ある置屋のお母さんは、仕込みさんの最初の半年間は、実家への帰宅を許さない、と話す。個室をあたえられて自分の都合を優先した生活をしていた少女たちにとっては、集団生活そのものが苦痛になって、帰宅すると戻ってこないことが多いからだという。そこで、以前の生活様式から花街の生活様式になじむまでは、帰宅させない方針をとっているのだそうだ。

この仕込みさんの時期は、約一年程度。その間に、置屋のお母さんは、舞妓さんになるための基礎的なこと、言葉遣いにお行儀、芸事、花街のしきたりなどを必死に教えるのである。

置屋の専門性

お茶屋には組合があるが、置屋には組合組織はない。これは置屋が芸舞妓さんの教育の場であり、芸舞妓さんについて詳しくないと事実上開業が不可能であるために、許可制を敷く必要がないからだろうと、ある花街関係者は語っている。

置屋のお母さんは、自分も舞妓さんや芸妓さんとしての経験があるのが普通である。芸舞妓さんの装束や花街のしきたりは、経験がないときちんとわからないことが多いからだ。また、芸舞妓さんの仕事内容については、お座敷の経験がないと指導できず、未経験者が育成責任者としてお座敷での立ち居振る舞いなどの必要な技能を教えることは困難である。

たとえば、自分がだらりの帯を締めた経験がないと、その装束での動き方のコツなどは教えることが難しい。お座敷で帯がばたばたしないように片手で押さえて動くことなどは、自分に経験があり身についているからこそ、具体的に教えることができる。お化粧の方法をとってみても、その経験の重要性はすぐにわかる。このように置屋のお母さんもお茶屋のお母さんと同様に、専門性が非常に高く、他の業界から参入することが事実上、不可能に近いのである。

※**変身舞妓**　第４章コラム（一二〇ページ）参照。

擬似家族関係

本章で紹介してきた高度技能専門職の女性たちは、強固な擬似家族関係で結ばれている（図表2−1）。置屋のお母さんが希望者を「うちの子」として受け入れないと、希望者は芸舞妓さんになるための修業をすることができない。そして、舞妓さんとしてデビューするためには、その新人さんの面倒をみる先輩芸妓さんと、姉妹の盃をかわす必要がある。芸舞妓さんとしての名前は、このお姉さん芸妓さんの名前から一文字か二文字いただいてつける。そしてこのお姉さん芸妓さんのさらにお姉さんにとっては、新人さんは「孫妹」にあたる。このような擬似親子関係や擬似姉妹関係を結ぶことで、新人さんはこの街の一員となることができるのだ。

図表２−１　花街の姉妹関係

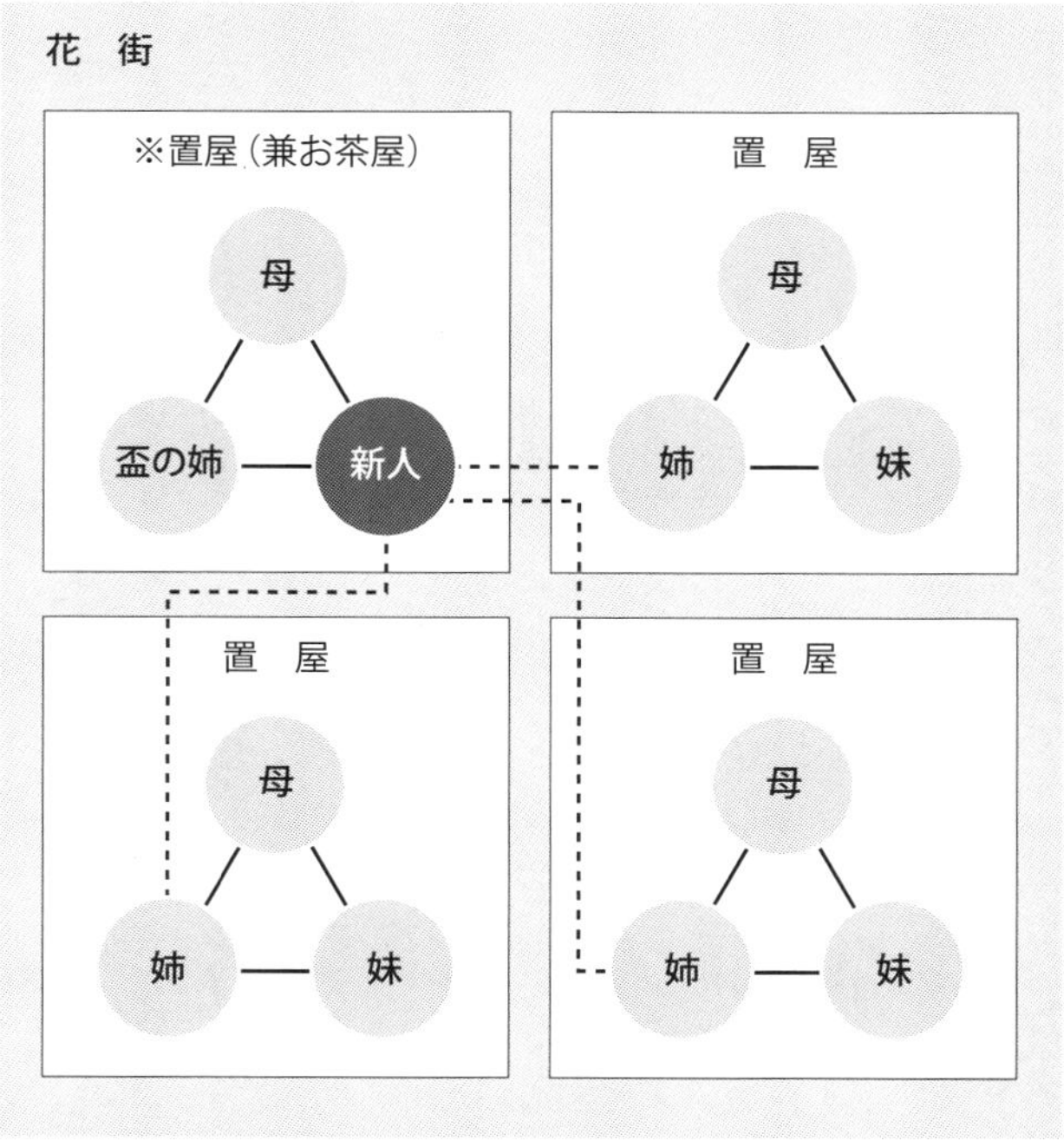

※ 置屋がお茶屋を兼ねている場合もある。

「新人」にとって、自分より１日でも早く芸舞妓さんになった人は、すべてお姉さん。芸舞妓さんとしてデビューするときに盃を酌み交わして姉妹関係を結ぶお姉さん（盃の姉）は、もっとも影響力が強い。

この盃の姉は同じ置屋所属とはかぎらない。置屋にお姉さんになれる人がいない場合は、他の置屋の先輩芸舞妓と姉妹関係を結ぶ。また、所属する置屋のお母さん（経営者）とは、住み込んだときから、擬似親子関係となる。

る。もちろん、芸舞妓さんたちにも、一般企業でいう「同期の意識」といった感覚は存在するものである。ほぼ同じ時期にデビューした舞妓さん同士は、しっかりと横のつながりをもっている。しかし、花街では自分より一日でも早く芸舞妓さんになった人すべてを「お姉さん」と呼ばなければならない。公式的には、デビュー順にすべての芸舞妓さんが擬似姉妹関係にあるのである。これは舞妓さんたちがそろって写真をとるときなどには、だれの指示がなくても必ずデビュー順に並ぶこと、お座敷で複数の芸舞妓さんが同席するときには、芸妓さん・舞妓さんのちがいにかかわらず、デビューの早い芸舞妓さんがそのお座敷でのリーダーとなって仕事を進めることからもわかる。花街に所属する芸舞妓さん全員が、この擬似姉妹関係を明確に意識しているように見受けられる（図表2-2）。

このように芸舞妓さんたち全員を結ぶ姉妹関係が花街にはあるが、さらに置屋やお茶屋のお母さんをふくめた関係を大きな家族関係とみなすことができる。たとえば、お茶屋のお母さんは新人さんがデビューする前に見習いとして受け入れること（このお茶屋は見習い茶屋と呼ばれる）で、親子の縁に近い深い関係を結ぶことになる。こうした擬似親子関係を介し、花街には同じお茶屋で見習いをした姉妹、名前の姉妹など、「筋《すじ》」と呼ばれるいくつかの大きな「家系」のようなまとまりがある。

新人の芸舞妓さんは贔屓客がまだついておらずお座敷に呼んでもらうきっかけが少ないが、そういうときには、盃のお姉さんだけでなく、見習い茶屋のお母さんや、筋にあたる

図表2-2　芸妓さんと舞妓さんの見分け方

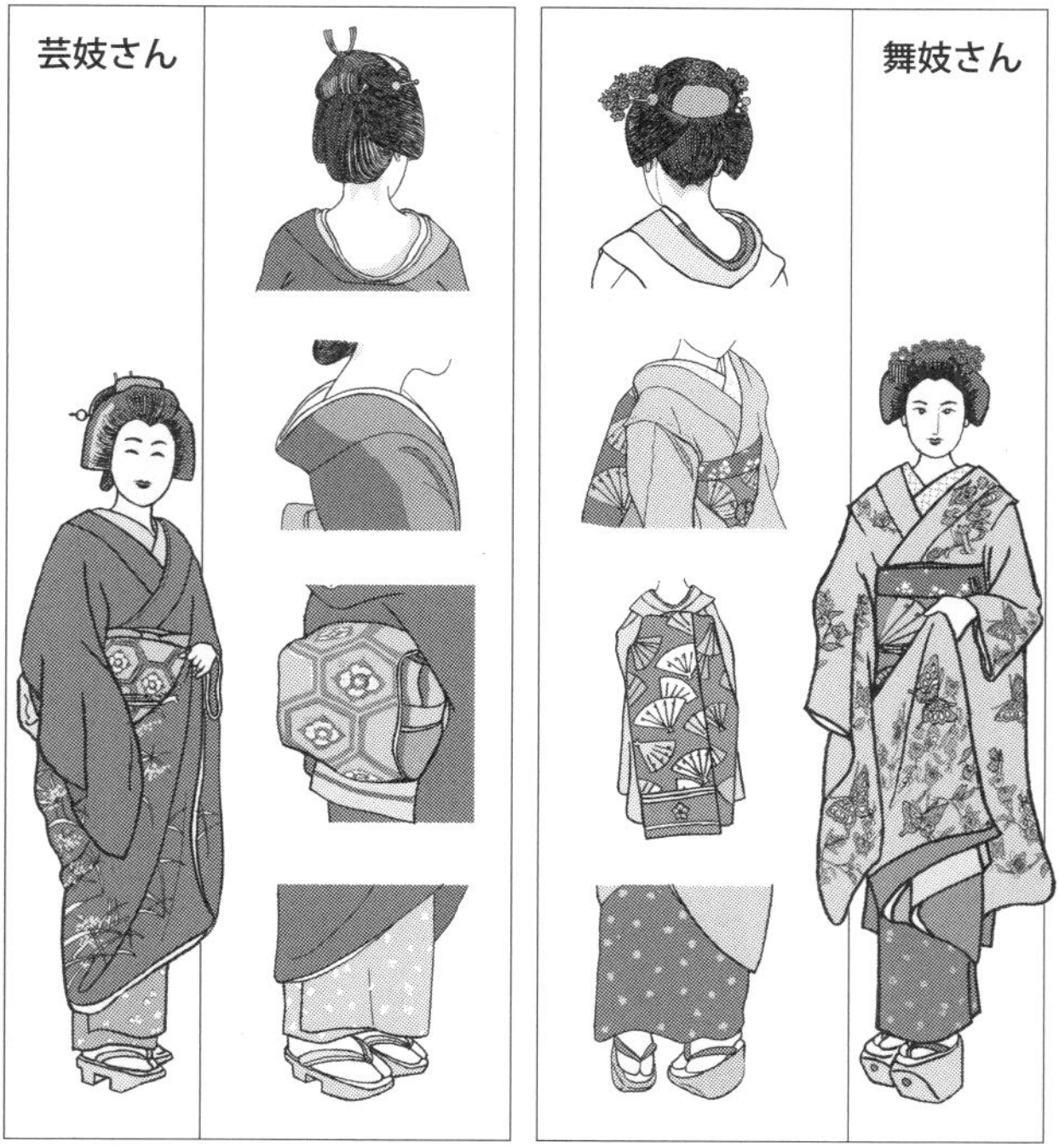

イラスト：あしはらたいじ

芸妓さんと舞妓さんを見分けるポイントは、大きく分けて３つ。

まず髪型。芸妓さんはかつらだが、舞妓さんは地毛で日本髪を結い、季節にあわせた「花かんざし」をつけている。

次に着物と帯。舞妓さんは肩に縫い上げがあり、後ろ姿は舞妓さんの代名詞にもなっている「だらりの帯」だ。

最後に履物。舞妓さんは高さ10センチほどある「おこぼ」だから、わかりやすい。

ほかのお姉さんたちが、この新人さんも一緒にお座敷にあがれるようにお客に声をかけてくれる。また、お座敷で新人が何か失敗したときには、近い関係のお姉さんが周囲のお姉さんに一緒に謝り指導をするなど、何かと新人を引き立ててくれるのである。花街の中にあるこうした濃いつながりを、中心となるお茶屋や置屋の名前を冠して「〇〇軍団」と話すお客もいる。このように擬似家族関係によって結ばれる女性たち同士で、より緊密に助けあう、支えあう仕組みが京都花街にはあるのだ。

次章では、この高度技能専門職の女性たちと、彼女たちがおもてなしのサービスを提供するお客をつなぐ仕組み、「一見さんお断り」について、詳しく見ていこう。

旦那さん

花街の研究をしていると筆者が話すと「旦那さんって、どんな人なんですか？」と少し遠慮がちに、でも興味津々という様子で質問されることが多い。

そこで、本コラムではこの「旦那さん」をとりあげることにする。旦那さんは花街の顧客すべてをさすのではなく、芸舞妓さんを経済的に支援し、彼女たちの芸の上達をサポートする男性（結婚とは別の形で男女関係をもつこともある）のことである。芸舞妓さんたちが初めて旦那をもつことを「水揚げ」、水揚げ専門の旦那さんを「水揚げ旦那」と呼ぶが、最近ではこうした「水揚げ旦那」という風習はなくなっている。現代の芸舞妓さんたちは、親の借金といった金銭的なことで縛られて花街にやってきたのではなく、自発的意思で職業として選択しているので、金銭的な負担を軽減するために水揚げをするといったことは、今では見受けられないことである。

さて、あるお茶屋のお母さんが、「旦那さん」になるためには三つの条件があると話してくれた（http://kyoto-rakuyu.net/koito/index.html 参照）。

一　男性が、特定の芸舞妓さんが芸を磨くためのスポンサー的な役割を担いたいと思うこと。もちろん、その役割を担うに足る財力は必要条件である。

二　芸舞妓さんの側もこの人ならと好意をもつこと。基本は男女の情であるから、お金のためだけというのでは、当人同士にとってよい関係にはならないからだ。

三　男性の通うお茶屋のお母さんが「この二人なら仲をとりもちましょう」と引き受けてくれること。顧客との窓口であるお茶屋のお母さんは、当然、旦那さん志望の男性のことを熟知しているから、芸舞妓さんにとって「よい」と思えるお客でないと、仲介の労をとらないのだ。

なお、男女の関係はナイーブなものであるし、旦那さんという制度は今の法律にはなじまない部分もあるから、これらの条件を満たせばすぐに旦那さんになれるわけではなく、最低限クリアすべき条件だと考えてほしい、ということだった。お母さんの話から、旦那さんになることは、お茶屋を介した芸舞妓さんと顧客との契約にも似た行為であり、あくまでも芸舞妓さんの技量を伸ばすために応援することがその目的であるということがわかる。旦那さんというと金銭的な面が強調されがちだが、その存在そのものが、芸舞妓さんの芸を育て楽しみ、そのためにはスポンサーになってもよいという、育成することへの投資そのものに喜びを感じる顧客の度量を見込んだ、人材育成の仕組みという側面ももっているのだ。

さて、「旦那さんって、今もおいやすか?」と、花街の関係者に尋ねてみたのだが、「やはらへんのやったら、返事のしようがあらしまへんやろうし、もしやはるんやったとしても、花街の中のことは外には絶対、言わらしませんしなぁ」と、この問いそのものが、あまり意味がないことをやんわりと指摘されたのだ。

第3章

一見さんお断り

——三五〇年続く会員制ビジネス

第2章で見たように、京都花街は、高度な技能をもつ専門職の女性たちが働く世界である。お茶屋の経営者の中にごくわずかに男性が見受けられるが、基本的には女性ばかりによって成り立ち、切り盛りされてきた街である。こうした特色があるからこそ、ここには特色あるしきたりが見受けられる。それが「※一見《いちげん》さんお断り」である。

この「一見さんお断り」は、京都花街の格式の高さの比喩にあげられることがあるが、現代の言葉にたとえれば会員制ビジネス、しかも非常に長期にわたって継続しているシステムといえよう。明治時代、文豪の夏目漱石が京都にやってきたときにも、人を介してお茶屋を訪れている。ゴルバチョフ・元ソ連大統領や超有名な歌手がいきなりお茶屋を訪れたら利用を断られたという逸話も残っている。この話の真偽のほどはさだかでないが、それがまことしやかに流布していることからも、一見さんお断りのしきたりが現代でも強固に息づいていることがうかがえる。

花街が産業として継続するためには、新しい顧客を迎え入れることが不可欠である。しかし、一見さんを断り続けていると、業界として先細りするしかない。「一見さんお断り」には、一見、経済合理性がないように見えるのに、実際にはそれが京都花街では、ずっと続いてきた。

本章では、この一見さんお断りについて、「よいお客を育てる」という視点から考えていく。花街の女性たちが、お座敷で高度な技能をきちんと披露しても、それを理解し納得して対価を支払う顧客が存在しないと、花街のビジネスは成り立たない。そして、特定の贔屓客だけではなく、新規の顧客を迎え入れることが継続しないと、他の「おもてなし」をうたうサービス業に対して競争優位性を保つことができない。伝統や文化という言葉で片付けてしまわずに、花街のビジネスを支えた重要なシステムとして「一見さんお断り」をとらえてみようと思う。

「へぇ、お座敷ではなんにも難しいことするわけやおへんのどす。そやけど、どなたはんでもお客さまになってもろうたらええ、というわけではおへんのどす。いつ来てもろうても喜んでもらえへんとあかんさかいに、知ってるお人しかようおうけしまへんのどす。そやさかいに、お客さまがうちとこを使うてくれはって、『楽しかった、おおきに』いうてくれはったら、ほんまにうれしおす」

※**一見さんお断り**　初めてのお客はお茶屋を利用できないというルール。詳しくは次節参照。

一見さんお断り

お茶屋のお母さんは、初めて見るお客がいきなり玄関先に立ったとき、「かんにんどっせ、どなたはんかのご紹介があらへんと、うちとこでは、ようおうけでけしませんのどす」という丁寧なお断りをする。あるいは、顔を見たことがあるような有名人の場合は、「せっかく来とうくりゃしたのに、今日はお座敷がいっぱいなんどす。かんにんしておくりゃす」と相手の顔をつぶさないような配慮をして断る場合もある。

いずれも、これが京都花街の敷居の高さの例としてよくあげられる「一見さんお断り」のルールの適用例であり、どこにも明文化されてはいないけれど、現在でも京都花街では続いている、生きた「しきたり」である。この「一見さんお断り」が生まれた背景については以下のような三つのポイントをあげることができる。

一　長期掛け払いの取引慣行→債務不履行の防止
二　おもてなしというサービス→顧客の情報にもとづくサービスの提供
三　職住一体の女所帯→生活者と顧客の安全性への配慮

それぞれについて、少し詳しく説明していこう。

長期掛け払いの取引慣行

まず、取引慣行だが、第2章のお茶屋のところで少し触れたように、なじみのお客は、財布をもっていなくてもお座敷で遊ぶことができる。つまり、遊びにかかる経費一切をお茶屋が立て替え、後日精算するという仕組みである。お茶屋を利用する経費はもちろんのこと、お茶屋経由で二次会に行ったときにはそのお店の支払い、移動のタクシーの支払いなどもすべてお茶屋へ請求書が回り、お茶屋は顧客から支払いをうける前に、その金額すべてを立て替え払いするのである。しかも、お客への請求は、一カ月から二カ月先になることはあたりまえで、場合によっては半年先に請求書が届くこともあるという、長期掛け払いの商取引慣行が江戸時代からずっと続いているのだ。

この会計システムは、お客とお茶屋の間に相当の信頼関係がなければ成り立たない。初めて見るお客との間では、いきなり信用は作れないから、一見さんお断りのシステムが存続しているのだろうということはすぐに理解できる。

おもてなしというサービス

花街で提供されるサービス「おもてなし」は、顧客の好みによって提供内容がさまざまである。お茶屋では顧客の好みを十分にわかったうえで、何をどうするのかいちいち顧客に確かめず、芸舞妓さんたちや料理の手配をする（図表3－1）。だから、初めてのまったく情報のないお客は、どんなサービスがお好みかわからず、お座敷で満足いくようなサービスを提供することができないからご遠慮いただいている、そんな声もお茶屋のお母さ

図表3－1　お座敷という場の形成

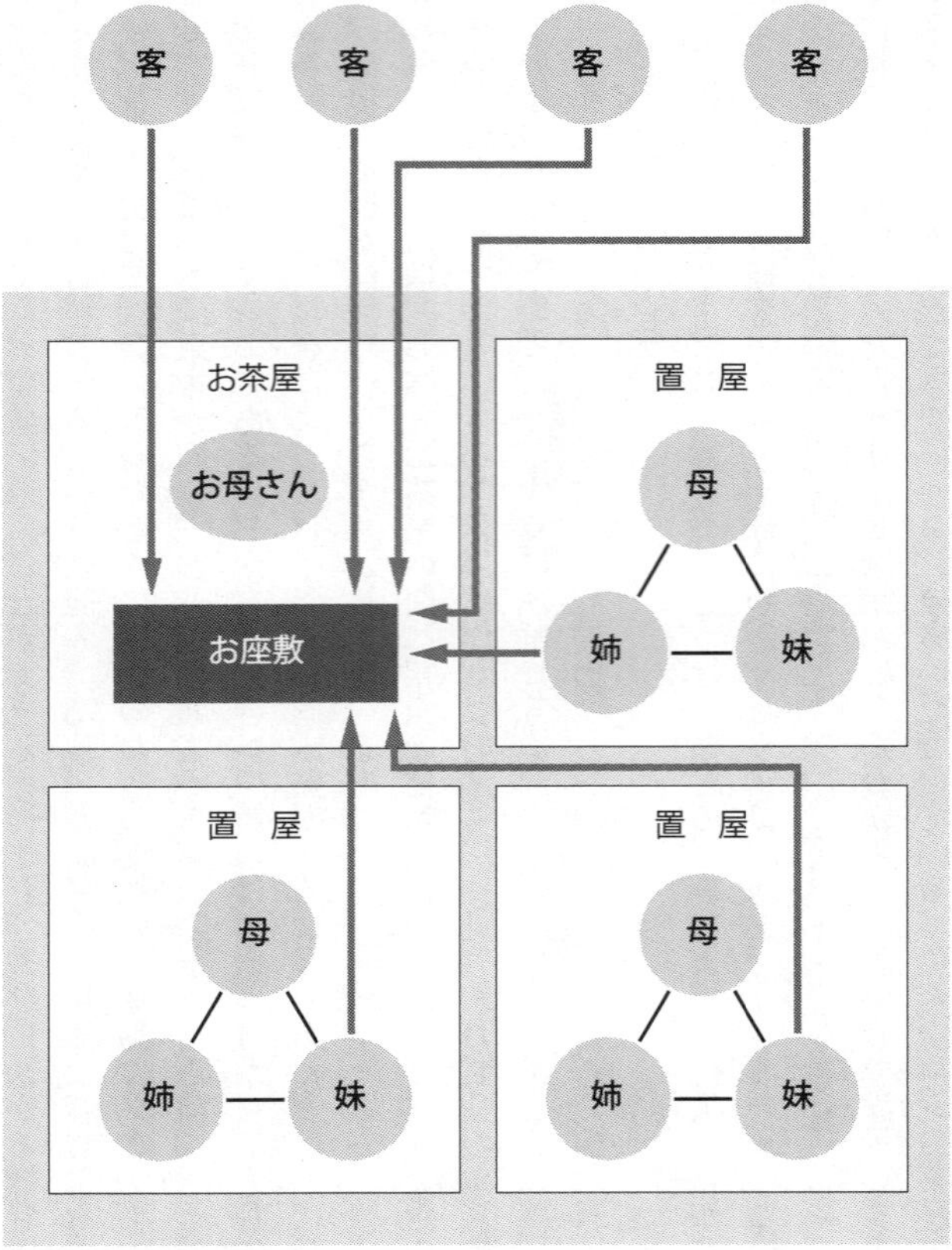

お茶屋のお母さんは、顧客の来店の目的（接待、息抜き、法事等）と好みを考えて、どの芸舞妓を呼ぶか決める。

んからよく聞く。技能に誇りをもち、他にないサービスを提供することが彼女たちの生きる糧につながったからこそ、「あそこは、もうひとつやったなぁ」とお客にいわせるような、そんな競争力の源泉を揺るがす事態は避けねばならない。だから、お客を断るということがルールとして成り立ち、今も息づいているのだろう。

職住一体の女所帯

お客があがるお座敷はお茶屋の中にある。このお茶屋は、お母さんやそこで働く女性たちにとっては仕事の場であると同時に生活の場でもある。お座敷に一見さんのお客をあげることは知らない男性を女所帯の家の中に招き入れることになり、いくら知名度があっても現金を積まれても、安全上不安だからお断りしているのだという。「お酒がすぎて、お座敷で暴れはったり、お座敷に根がはえてしもうたみたいに、ずーっとお帰りにならへんと、困るんどす」と、話してくれたお母さんがいる。また、お茶屋の利用者には社会的地位のある顧客も多く、花街の職住一体の女所帯ならではの安全性への配慮は、顧客に対する安全性への配慮にもつながっている。

このように複数の理由があるからこそ、「一見さんお断り」という新規顧客の開拓に不熱心で顧客の数を制限するような仕組み、経済的にはマイナスとも受けとれる慣習が京都花街ではずっと継続しているのであると考えられる。「信頼できるお客さまのご紹介ならば……」という「一見さんお断り」のしきたりは、三五〇年近く続く花街の歴史の中で必然的にできた先人の知恵であると考えられるのだ。

お茶屋遊びは信頼の証

花街ができた江戸時代、クレジットカードもなく与信機能をうけおう会社などがない時代でも、日本では高額の取引が現金決済以外の方法で行われていた。京都花街では、こうした取引慣行をとり入れ、さらに信用のある顧客の紹介のある人だけが新規顧客になることができるという新規顧客の開拓方法を用いることで、お茶屋で遊べること自体に、その人が信用できる、ちゃんとした一人前の大人であることを証明するという機能をもたせることに成功している。

具体的にいうと、お客の立場からすれば、お茶屋のなじみ客となることは、取引関係における安全性はもちろん、氏素姓、マナーもきちんとしていると認められたことになる。京都をはじめとする関西の経済人の間で、お茶屋で遊ぶことが一つのステータスになっている理由はここにある。また、大手企業の大阪・京都支店の支店長など、京都花街のお茶屋利用の窓口担当者が異動するときには、新担当者をお茶屋のお母さんへ引き継ぎ紹介するなど、お茶屋を使うために顧客側も信用の継続をはかっている。

長期にわたり花街が続き、何代にもわたって顧客情報が蓄積されるので、自然とその精度もあがっていくと考えられる。だから、お茶屋遊びは信用の証といわれるのだ。

宿坊

一見さんお断りの京都花街で、もう一つ顧客情報蓄積に役立つルールがある。それが、お客は一つの花街につき一軒だけのお茶屋を窓口として遊ぶという暗黙の了解、「宿坊《しゅくぼう》」というルールだ。たとえば、花街に少し詳しい人なら、得意先が京都花街を利用していると聞くと、「宿坊はどちらさんですか？　うちは祇園町やったら、〇〇さんとこにお世話になっています。上七軒なら、××さんとこですわ」と花街ごとに特定のお茶屋の名前をあげる。宿坊というルールがあるので、京都花街では、同じ花街の中で今日はこっちのお茶屋で※お座敷をかけ、明日はちがうお茶屋でお座敷をかけるというようなことは、差し控えるべきであるという。そういうルール違反をすると、花街での顧客の信用に傷がついてしまうため、代々お茶屋を利用するような贔屓客では親子間、企業では上司から部下に「このお茶屋はんの世話になるんや、ちがうお茶屋はんに勝手にかえたらあかんのや」ということが伝えられている。

ある酒造関連会社の方は、「通常ある地域で自分のところの商品を置いてくれるお店が複数あった場合は、そのお店すべてを利用させていただくようにしています。ところが、京都花街では複数のお茶屋さんがうちの商品を置いておられても、宿坊として利用するお茶屋さんは一軒というルールが社内で伝えられているんですよ」と、宿坊のルールが社内の慣習より上位のものとして機能していることを聞かせてくれた。

一方、お茶屋のお母さんも、どこそこの企業さん、あるいはだれそれさんは、どこのお茶屋のお客だということをよく知っているから、よそのお茶屋のお客からお座敷の依頼があっても、すぐに「へぇ、おおきに」と返事することはない。宿坊というルールを知らないお客なら、その旨を伝えることもあるし、今まで宿坊にしていたお茶屋と何かトラブルがあった場合には、その事情を調べたうえでないと、宿坊をかえるような依頼をうけたりはしない。このように「宿坊」は「一見さんお断り」と同様に紙に書いていないけれど、花街の人ならみんなが知っているルールとなっている。

この宿坊というルールにより、同じお茶屋をお客が長期的に利用することになり、お茶屋はお客の好みを十分に知り、お客の期待に応える、あるいはお客の期待以上のサービスを提供することが可能になるのだ。

「ずっと長く、うちのところとおつきあいしてもらえるし、そのおつきあいの中で、お客さまによりくつろいでもらえるために、うちも気張らしてもらえる、そんなルールとちゃいますやろか」と、あるお茶屋のお母さんは語っていた。つまり、一見さんお断りだけではなく、宿坊という守るべき細則があることで、提供するサービスの質をよりよいものにしようという事業者側の努力が促されているのだ。

また、花街というサービス業界に入る顧客の側からしても、なじみのお茶屋を作っておけば、いちいち細かい希望を伝えなくても、料理の好き嫌いから芸舞妓さんの好みまで、すべてわかって段取りしてくれる。また、秘密も固く守られるため、宿坊というルールは居心地のよさにつながっている。

細い路地にひっそりと並ぶお茶屋の格子戸、呼び鈴もインターホンもないそのたたずまいは、知らない人にとっては何か言葉にできないような威圧感を感じるものである。しかし筆者は「ただいま」と気楽な声をかけながらリラックスした様子でお茶屋の格子戸に手をかける顧客と同行したことがある。まさにその振る舞いから、「一見さんお断り」も宿坊というルールも、実は顧客の側の選択肢を狭めるものではなく、顧客と事業者の深く長いおつきあいを促す仕組みであり、そこで築かれる関係にもとづく情報の蓄積が、顧客の心地よさを作ることにつながっていることがわかる。

※**お座敷をかける**　自分が呼びかけ人となってお茶屋のお座敷を利用すること。お座敷をかける人が、通常は支払いの責任者とみなされる。

よそのお座敷

宿坊が顧客にとってもっともくつろげる、気楽なお茶屋だが、それだけでは、お客のニーズをすべて満たすことはできない。いくらいつものお茶屋でくつろげても、たまにはちがうところに行ってみたいという気もちになるのは、自然なことである。自分の宿坊とは異なるしつらえのお茶屋にも行ってみたい、あるいは、有名な○○というお茶屋にも一度は足を運んでみたい、そんな思いを顧客側がもつことは自然なことである。

こういうときには「お母さん、ちょっと無理を聞いてくれへんやろか。今度接待するお客さんが、京都行くなら、○○さんというお茶屋さんに行ってみたいと言わはんにゃ、あんたところでいつも世話になっているのに、気の悪いことやけど、どうしてもというお客さんのご希望やし、何とかならへんやろか」と、お茶屋のお母さんに相談すれば、その希望をかなえることができる。つまり、宿坊を通せば、よそのお茶屋のお座敷を利用することも可能となるのだ。自分が宿坊としているお茶屋以外のお茶屋にとって、その顧客は「一見さん」であるため、いくら花街に来ているといっても、通常は簡単に利用することができない。そういうときに、「宿坊」は代理店の役割を果たして、普通なら入れないところを手配してくれる。

このように、顧客のニーズをかなえるためであれば、自分の売上が減る、あるいはもしかしたら顧客がよそのお茶屋にかわってしまう可能性がある場合でも、お茶屋側は顧客の希望を優先することがある。たとえば、顧客の予約希望日に、あいにく先約があり、お座敷がすべてふさがっている場合は、他のお茶屋を紹介するというのだ。「うちのところをいつも使うてもろてますのは、うちを気に入ってくれてはるからやと思うんどす。そやから、よそさんをご紹介させてもろうたかて、そのお客さまがよそさんへかわらはるとは、思わしまへんのどす。たまにはよそへ行かはるほうが、お客さまも気分がかわって、喜ばはることもありますし。よそのお座敷へ行ってきゃはって、やっぱりうちがいいなぁと言うてくれはるように、気張らしてもらうんどす」。

顧客の満足に常に応える努力を惜しまない姿勢と、それを支える自分の提供するサービスへの強い自負心がこのお母さんの言葉からうかがえる。自分が顧客のニーズをもっともつかみ、それを顧客の望む以上の形にしてお座敷の場で提供しようとすることが、長期的な売上につながっているのだ。一見さんお断りというルールがあるからこそ、「よそのお座敷」を顧客に紹介し、顧客の側の選択肢の多様性を確保し、お茶屋同士が競いながら営業機会を逃さないという花街全体の仕組みが成り立っている。

どうしたらお座敷にあがれるのか

「一見さんお断り」のルールはお客にとっても、お茶屋にとってもメリットがあることはよくわかっていただけたと思う。では、お茶屋は新しいお客をどのように開拓しているのだろうか。そもそも新規のお客はお座敷にどうしたらあがれるのだろうか。そんな素朴な疑問が生まれてくる。

その答えは、「紹介」である。お茶屋を利用しているなじみ客が自分の知人や友人をお座敷に連れて行く。その知人や友人がお茶屋を使ってみたい、ここで自分も遊んでみたいと思ったときには、この利用客にお茶屋を紹介してもらうのである。お茶屋からすると、紹介をうけたお客のことはあまり知らなくても、紹介してくれたお客のことはよくわかっているから、そのお客の今までの信用を頼りに、新規のお客を受け入れるというわけである。

一例として、筆者がお茶屋のお座敷にあがるようになった経緯を紹介してみよう。筆者の知人のA氏がある花街のお茶屋をときどき利用しているということを聞いていた。そこで筆者も、一度お座敷に行ってみたいとA氏にお願いしたところ快く了承してもらい、数人の顔見知りでお座敷を利用することができた。舞妓さんの舞に芸妓さんのお三味線と唄と、とても楽しい時間をすごすことができたので、また、そのお茶屋に遊びに連れて行ってもらった。そんな経験があって、今度は筆者がA氏とは別に自分の知り合いなどを連れてお茶屋に行けないかとお茶屋のお母さんに聞いてみたところ「へぇ、どうぞ、来とくれやす。またお電話待っています」とOKをもらい、それからはA氏を介さず、自分でお茶屋の予約ができるようになった、一見さんではなくなったというわけである。

お座敷遊びの様子

　こうしたお茶屋になじみのある知人や友人がいない人の場合は、花街に伝手《つて》のある専門業者を介して、芸妓さんや舞妓さんと遊ぶことができる。いきなりお茶屋にあがることはできないが、ホテルや旅館、料理屋に、お茶屋を介して芸妓さんや舞妓さんを呼ぶことは、そのお店の信用を頼ることになるから、お茶屋と一面識がなくても大丈夫である。そうした利用を継続すれば、たとえば、自分がよく利用する旅館や料理屋さんの知っているお茶屋を紹介してもらうこともでき、お茶屋のお座敷にあがることも可能になる。つまり、お客の信用情報は、花街と花街に関連する専門業者間できちんと共有されている、そんなシステムができあがっているのである。

お座敷のルール

さて、一見さんお断りの京都花街でお客になるためには、贔屓客をふくめた情報の共有があり、そこで新しい顧客の信用が担保される仕組みがあることがわかっていただけたと思う。花街という独特の場所できちんと遊べる、金銭的にも文化的にもある程度のお客が継続的にやってくること、それが花街の経済的なサイクルを回すための一つのベースである。したがって、いわゆる「ちょっと困った」お客には、ご遠慮してもらう、そんな仕組みが花街にはある。

まず、お客は一見さんお断りのシステムによってお茶屋を利用しているのであるから、特定のお茶屋のお母さんとなじみである。したがって、そのお客がなじみのお茶屋以外のお座敷で不適切な振る舞いをした場合、このお母さんの耳にそのお客のしたことはすぐに入ってくる。こういうときに、お母さんは「どうぞ無茶なことは、せんといておくりゃす。なんぞ無理を言わはるときは、よそで言わんとうちで言うとくりゃす」と、お客の要望にあわせるのが信条の花街といえども、無理無体なことは聞き入れることができないので、ルールに従ってほしい旨をそれとなく伝えるのである。

さて、こうした不適切なお客についての情報は、花街のお茶屋や置屋、芸舞妓さんたちをはじめ、出入りの料理屋などの関連業者にも伝わるようになっている。また「あの人は、そらちゃんとしてはる。お座敷でも感じよろしおす」など、よい情報もこのネットワークでは伝わるから、京都花街に宿坊をもつことが、京都の財界人にとっては一つの信頼になるといわれるのである。

また、個人客ではなく、企業が顧客である場合は、特定の社員がお座敷で非常に不適切なことを続けるようなときは、その社員の出入り禁止をお願いすることもある。ある関係者から聞いた話では、お茶屋のお母さんがその企業のトップや関連業界の重鎮にお座敷での行為の不適切さを訴えることもあるという。お茶屋のお母さんのこうした訴えで、京都から他の地域へ異動になった社員の例もあったという。

新人のお客

お茶屋のお母さんは、花街で遊ぶのにふさわしくないことが何かということをお客に教えるだけではない。花街のお座敷に不慣れな新人のお客には、お座敷でのルールを手ほどきしてくれる。たとえば、舞妓さんの舞がはじまったときには、飲食の手を止めて見ることなど、実際にお座敷にでてみないとわからないルールを、きちんと教えてくれるのである。

また、お座敷に呼んだ芸舞妓さんへの※ご祝儀などは、お茶屋のお母さんにまかせておくと、慣れないお客が何も心配しなくてもよいように、相場をふまえて適宜、うまくしてくれる。このように、新人のお客だからといって恥をかくことなく、花街で楽しくかつきちんと遊ぶための基本的なことを、お客に教えてくれるのである。

また、お座敷で同席した中で先輩の芸妓さんが、お客に恥をかかさないようにそっとルールを教えてくれることもある。たとえば、夜半になりお座敷で小腹がすいたときに、うどんなどの出前をとることができるが、そんなときには、若い食べ盛りの舞妓さんにも配慮して、何か一緒に頼むのがお客のつとめだという。お姉さん芸妓さんは、お客にそんなことを教えてもくれるのだ。

このように、花街に慣れていないお客には、お座敷での遊び方から、花街のしきたりまで、お茶屋のお母さんも芸舞妓さんたちも親切に教えてくれる。知らないからといって、意地悪をしたり、陰で笑ったりはせずに、お客が素直に彼女たちに「どうしよう」と尋ねれば、相談にものってくれる。

鮎の食べ方がわからないお客には骨のとり方を教えてくれることもあるし、お座敷遊びで何をどうしたらいいのかわからない場合には、幹事さんを立てながら座を盛り上げるゲームなどを適切にアレンジしてくれることもある。このような例を、筆者はお座敷で何回も見受けることがあった。また、お座敷に行こうと声をかけた慣れたお客が、初めてお座敷にあがったお客に花街の慣習を教えることも、よくあることである。

※ご祝儀　芸舞妓さんのキャリアやイベントの有無などにより、ご祝儀の相場は異なる。

大人磨きの社交の場

こうして、お茶屋や置屋のお母さんたち、芸舞妓さんたち、そして花街になじみのお客たちは、花街という場を、大人が心地よくすごせるような質に保つことに、心配りをしている。ここで暮らす女性たちとお客をふくめた花街にかかわりある人たちみんながメンバーとなり、花街が一つの共同体のようになっている。だからこそ、この共同体の各メンバーは、相互に情報を共有し、評価しあうだけでなく、メンバー間で京都花街らしさを伝えたり教えたり、心情的な部分での共感を寄せ合っているのである。

お客に花街らしさがどのように伝えられるのかは、花街で提供されるおもてなしやしつらえの質をコントロールするうえで重要なポイントであるが、この点をお客自身がよく理解していることがわかる例がある。有名な地場産業の社長さんが、後継者と思う息子をお茶屋に連れてきて「お母はん、ちょっと面倒をみてやってや」と頼むというのだ。宿坊のお茶屋のお母さんにならら、安心して息子の教育を頼むことができるというのである。経営手腕だけでなく、きちんとしたマナーが身についていることも、人物の信頼につながるので、ぜひお茶屋のお母さんにその面で指導をうけたいというのだ。また、お母さんだけでなく、経験を重ねた芸妓さんに息子のことを頼む場合もある。

「お兄さん、おはしのもち方、少しおかしいことおへんどすか?」ある知人は、食事のマナーについて、同席した年配の芸妓さんから指摘されたことがあると話してくれた。初めて会った芸妓さんから指摘されたそうだが、大人の知人が会食や接待の場で恥をかかないように、諭してくれたのだろう。一見さんお断りの世界だからこそ、そこにご縁があって顧客となった人たちは、お母さんや芸妓さんから「ちょっと気いつけはったほうが、よろしおすえ」と、時には耳の痛いこともいわれるのだ。

花街は遊びの世界である。しかし、ここでは、顧客に対して大人として振る舞うための広い意味での教育もなされている。花街の女性たちは、単にお座敷遊びの手ほどきをしてくれるだけではなく、大人としてのマナーや文化的な教養を伝え、人付き合いの機微やきちんとしたコミュニケーションのとり方を教えてくれる。あたりまえのことだがなかなか学ぶことが難しい、ビジネスの世界で生きていくための教育が、京都花街ではそれとなくお客になされているのだ。

花街では、お金や地位だけでは、尊敬されることはない。この街をずっと支えてきた女性たちから、人としての度量や厚み、そんな奥深いところまでも推し量られる、大人磨きの場なのである。「一見さんお断り」の世界で、お茶屋のお母さんや年配の芸妓さんなど経験の深いプロから、顧客が継続的にもてなされることは、顧客自身を磨くことにつながっている。そしてそのことが花街ならではの「おもてなし」の質をきちんと理解する、よい顧客を生み出すことにもつながっているのだ。

さて、次章では、顧客をもてなすだけではなく、時にはルールやマナーを教えることもある芸妓さんや舞妓さんたちが、どのようにそのキャリアを歩んでいくのか、どうやってこの世界で技能を育てていくのか、その過程を見ていこう。

第4章

舞妓さんの一生

——徹底したOJTによるキャリア形成

舞妓さんや芸妓さんの出身地は、京都ではないことが多い。しかも、日本舞踊や邦楽などの経験者も少ない。そんな彼女たちは、今まで縁のなかった京都花街に、いったいどのようにしてやってきたのだろうか？

少女たちが「舞妓さんになりたい！」と夢を描いたとき、昔なら保護者や知人を介して、日本舞踊や邦楽のお師匠さんなど花街への伝手《つて》を探したものである。

ところが、最近では事情が異なってきている。意外なようだが、情報化社会の現代では、舞妓さん希望者にとって花街にアクセスする重要な手段として、ホームページをあげることができるのである。ＷＥＢ上で情報検索機能を使えば、世界中どこからだれでも、舞妓さんや花街に関するホームページにアクセスすることができる。ホームページの中には、舞妓さん希望者向けに、簡単なＱ＆Ａを掲載しているものや、花街の歴史やしきたりや芸舞妓さんの仕事について詳しく解説しているものもある。また、ある花街のお茶屋業組合のホームページには、「舞妓さん募集」という文字も見られる。近年のＩＴの急激な進歩により、中学生や高校生にとって、ネットを使った検索や、メールを使った問い合わせはごくごくあたりまえの手段である。情報化社会の進展が、以前だったら花街に縁がないと思われるような少女たちを、舞妓さんのキャリアの入り口につないでいるのだ。

このように花街にコンタクトする手段は時代とともに変化があるが、実際に舞妓さんになるための修業期間には、それほど大きな変化はない。昔のとおり、住み込みで修業する年季期間中は、親元を離れ毎日一生懸命努力をしなければ、舞妓さんになるという夢を実現することができない。また、舞妓さんになったあとも修業は続く。芸の道に打ち込んでいる舞妓さんたちの様子は、写真集や雑誌、テレビなどで紹介されることが多い。彼女たちの姿からは、可憐さだけでなく、凛《りん》とした美しさも漂い、私たちの心を強く惹きつけている。

本章では、彼女たちがひたむきに歩むこの過程を、女性の専門職のキャリア形成として紹介する。舞妓さんになる過程やその後の歩みを「きれいやなぁ」「すごいなぁ」といった感嘆符だけでとらえるのではなく、現代の少女たちが芸舞妓さんというプロフェッショナルになる育成のプロセスとしてとらえて、どのように技能を身につけ、この世界でやっていけるようになるのかを、キャリア形成の視点から読み解いていくことにする。

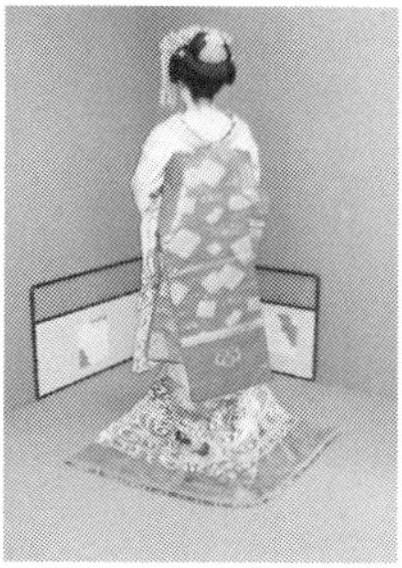

舞妓さん

芸妓さん

「お母さんやお姉さんのおかげで、少しずつ少しずついろんなこと覚えさせてもろうて、何とかようやくやってきたように思うんどす。そやけど、まだまだできなあかんことが、ぎょうさんあるんどす。毎日、毎日、お勉強させてもろうてるんどす」

芸舞妓さんのキャリア・パス

京都花街の中で、芸舞妓さんのキャリア・パスは、年齢と経験年数によって明確に決められている。中学卒業後すぐ花街に来た場合を例にとって考えてみよう。

中学卒業時は一五歳だから、約一年の仕込みさん期間をへて舞妓さんとしてデビューするころは、一五歳後半か一六歳。その後だいたい五年間、二〇歳ごろまで舞妓さんとしてすごし、二〇歳すぎには舞妓さんから芸妓さんになる。ただ、きっちり二〇歳で舞妓さんを辞めなければならないというわけではなく、たとえば、顔立ちの幼い場合は舞妓さんのほうが似合うから、二一歳か二二歳ごろまで続けることもある。舞妓さんたちを抱えている置屋の経営戦略によって、舞妓さんを卒業する時期はある程度柔軟に変動する。ただし、舞妓さんは可憐さを、芸妓さんは女性美をうたうという特色から考えて、二五歳をすぎた大人の舞妓さんは存在しない。

そして、数年間の年季期間があけたあとは、自前さん芸妓さん、すなわち独立自営業者となって置屋からでて自活する。この自前さん芸妓さんになった以降は、花街で芸妓さんとして仕事を続けるか辞めるのかの選択はいつでもできる。なお、芸妓さんには定年はないから、八〇歳をすぎても現役としてバリバリがんばっている方も見受けられる。芸妓さんは周囲からプロ中のプロとして見られるので、技能に関しての評価が厳しいが、一方で年齢に関係なく腕次第では第一線でがんばることができるから、花街はある意味では開かれた職場環境にあるといえる。

芸舞妓さんの一生、キャリアの流れ

さて、舞妓さんになるまでとその後の流れを、簡単にまとめてみよう。どんなところで、何をするのか、またどのような衣装を身につけるのかなど特徴になることをおさえていくと、大まかに次のような八つの段階に分けることができる。

一　仕込みさん

舞妓さんとしてデビューするまでの約一年間の修業期間のこと。仕込みさんになることが決まれば、中学卒業後に、身の回りの簡単な手荷物だけで、置屋に住み込み生活をはじめる。この期間には、舞妓さんの基本技能である日本舞踊のお稽古は必須。また、花街の慣習を覚え、京言葉を身につけることもこの期間には必要なことである。仕込みさんの間は、お化粧はせず、普段着で暮らす。

二　見習いさん

舞妓さんとしてデビューする日が決まると、※見習い茶屋に毎日行き、お座敷の様子を見せてもらう。この実地研修の期間は約一カ月間で、この間は見習いさんと呼ばれる。地毛で日本髪を結い、舞妓さんとほぼ同じ着物を着ているが、帯結びは半だらりと呼ばれるもので、舞妓さんのだらりの帯と比べて帯のたれの長さが半分ほどなので、ひと目で見習いであることがわかる。なお、見習いさせてもらうお茶屋のお母さんには、その後何かとお世話になることが多い。

三　見世出しから一年間

舞妓さんとしてデビューする日は「※見世出し《みせだ》」と呼ばれ、その日から三日間は正装の黒紋付を身につけ、べっこうのかんざしを挿し、衿足を三本に描くお化粧をする。この見世出し以降、舞妓さんとしてお座敷にでることができる。また、デビュー後ほぼ一年間は、顔にかかる長い花かんざしを挿し、先斗町以外の花街では、下唇のみに紅をさす。このように新人の舞妓さんは一目ですぐわかるので、何かと注目されることが多い。

四　舞妓さんとして京都の四季をすごし、やや慣れてくる時期。

上下の唇に紅がさせるようになり、顔の横にかかる長い花かんざしも挿さなくなり、少しお姉さんらしい舞妓さんの風情になる。お座敷ではいつまでも新人という風情ではつとまらず、灰皿や飲み物などを運ぶだけでなく、場に応じた受け答えなどが求められるようになる。

五　舞妓さんになって二〜三年後

髪型が※割れしのぶから※おふくにかわり、多少大人びた雰囲気のある日本髪を結うようになる。また、かんざしもやや小ぶりのものになる。※半襟の赤色のところが少なくなり、お姉さん舞妓さんと周囲が認めるころには、胸元の※帯揚げを結んで帯と着物の間に入れるようになる。また、おこぼの鼻緒の色が赤から水色といった大人っぽい色にかわるなど、身につけるものの色味がかなり変化して、可憐さの中にもすっきりした雰囲気のある装いになる。舞妓さんとしては中堅から古参となり、後輩の面倒をみるなど、自分のこと以外にも目配りができるようになることが求められる。

舞妓さんの髪型（「おふく」）

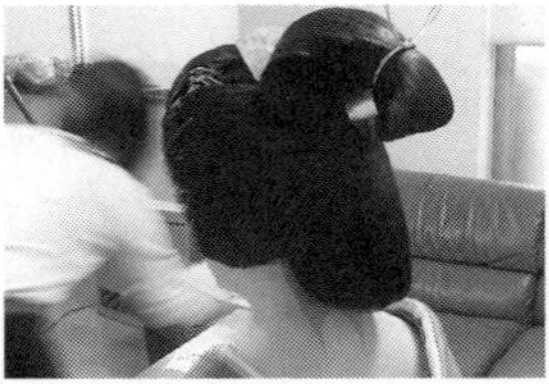

芸妓さんの髪型

六　「衿替え」して、芸妓さんになる

舞妓さんになってから四、五年目、二〇歳前後で芸妓さんになる。舞妓さんから芸妓さんになることを、「衿替え」と呼ぶ。芸妓さんになると、かつらを使うようになる。また、着物は舞妓さん時代の振袖ではなく、短い袂《たもと》のものを使用し、帯はお太鼓に結ぶ。足元はおこぼは履かず、ぞうりや下駄になる。衣装に変化があるだけではなく、芸妓さんになると、お座敷で責任をもって場を組み立てて、段取りすることができるようになることが求められる。いよいよ専門職として責任が重くなる。

七　自前さん芸妓さん

年季期間（通算約六～八年）があけると、自前さんになる。置屋での住み込み生活を終え、一人暮らしをはじめ、自分の花代で自分の生計を立てるようになる。芸妓さんも若いうちは舞妓さんと同様に立方（日本舞踊が専門）であることが多いが、その後は、立方と地方（三味線や唄担当）のどちらを専業とするかを選択する。舞妓さんのころよりも専門性を明確にして芸事を深めることが必要である。

自前さん芸妓さんになったあと、芸妓さんだけに専念して専門職の道を歩むこともあるが、芸妓さんと自分の店（バーなど）を兼業することも多い。また、芸妓さんとお茶屋や置屋を兼業して、芸妓さんとして働きながら花街の後継者を育成する役割を担うこともある。花街という産業組織の中で、何が自分の得意分野か、どこで自分の能力を活かせるのか、十分に考えながらキャリアを重ねていくことが必要になる。

八　廃業後のキャリア・パス

自前さん芸妓さんは、自分の意思でいつでも廃業することができる。廃業後に、花街の後継者を育てる置屋のお母さんやお茶屋のお母さんになるなど、花街で経営者となることも多い。また、花街の近隣地域で飲食業などサービス業を開業して、自分の技能や人脈を活かすことも多い。一方で、結婚と同時に第一線から引退する人もいる。なお、いったん廃業しても、未婚であれば花街に戻り、芸妓さんとして復帰することも可能である。

※**見習い茶屋**　見習いさんを受け入れ、研修させるお茶屋のこと。

※**見世出し**　みせ出し、店出しなどと複数の表記があるが、ここでは筆者が参与観察することができた場で使われていた表記を用いている。

※**割れしのぶ**　年少の舞妓が結う、特殊な髪飾りが多用される華やかで愛らしい髪型。
※**おふく**　中堅から古参の舞妓が結う、髷をまるく成形した髪型。割れしのぶと比較し、髪飾りが減るため、大人びた印象になる。
※**半襟**　長じゅばんの、襟の部分に縫いつける別布。汗や汚れが襟に付くのを防ぐとともに、襟元の美しさを演出する。
※**帯揚げ**　帯結びを完成させるために使う補助的な布地の総称。

キャリアの節目

このキャリア・パスの中で大きな節目は、舞妓さんから芸妓さんになるときである。一五歳で花街にやってきた場合、二〇歳すぎの年季があけるころ、舞妓さん本人に芸妓さんになって花街で仕事を続ける意思がない場合は、芸妓さんにならずに花街をあとにする。「舞妓さんになりたい！」というのが夢で、それが実現できたから、その後は別の人生を歩んでみたいという希望をもっている場合もけっこうあるのだ。

舞妓さんを辞めたあとは、地元に帰って就職したり、大学に進学したりとごく普通の若い女性と同じようなキャリア・パスを歩むことが多い。また、舞妓さんを辞めて、結婚することもある。余談になるが、舞妓さん芸妓さんともに独身であることが条件なので、結婚することは、キャリア選択の重要なポイントでもある。少しかわったところでは、舞妓さんを辞めたあとで、島原の※太夫《たゆう》さんになった人もいる。

舞妓さんの間は、置屋が生活のすべての面倒をみてくれる。生活費もお稽古ごとにかかる経費も、高額な着物代、おつきあいにかかる費用も、すべてである。ところが、自前さんになるとこれらを全部自分の花代の売上から捻出しなければならない。しかも芸妓さんになるためには、ある程度の枚数の着物や帯を用意しなければならないから、まとまった資金が必要になる。この負担の多さ、しかもその後の厳しさを考えて、芸妓さんになることに踏ん切りがつかないこともあるという。

舞妓さんへのあこがれで続けてこられた日常から離れ、今後は芸妓さんを職業として選択するかどうか。この※キャリアの節目では、厳しい目で自分自身を見つめることを迫られるのである。もちろんお姉さんやお母さんのアドバイスや、お客からの支援などもあるが、仕事である以上は自己責任が原則。わずか二〇歳そこそこで、彼女たちは、真剣な選択をする。「この世界なら、自分のやりたいことがやれる、ここでがんばってみよう！」そんな明確な意思に支えられて、舞妓さんから自前さん芸妓さんへの道を歩くようになるのである。

さて、芸妓さんや舞妓さんを辞める、つまり廃業するときも花街にはルールがある。「引き祝い」と呼ばれるいわゆる退職記念品のようなものを花街関係者に渡し、今後の花街と自分とのかかわりを明確にするのである。白蒸《しらむ》しというもち米を蒸した白一色のものを配ると、今後は花街以外の世界に染まるので、ここには帰ってこないという意味になり、少しお赤飯が混じっていると、もしかしたら花街に帰ってきてお世話になるかもしれませんという意味があるという。最近では、ハンカチやお砂糖などを配ることも多くなり、こうした慣習にも変化があるというが、花街でお世話になった関係者に挨拶をきちんとして、この街をあとにすることにかわりはない。

※**太夫さん**　官許により遊宴の席で接待する女性の最高位。諸芸に秀でていることが求められる。

※**キャリアの節目**　キャリアの節目にキャリアを考えることの大切さについては、金井壽宏『働くひとのためのキャリア・デザイン』を参照。

見て・聞いて・教えてもらって、また見て・聞いて

芸舞妓さんたちに話を聞くと、皆一様に、芸の道には一人前という言葉はない、終わりはない道だと話してくれる。ずっと精進していかねばならない、そんな厳しい道だということを一〇代の若い女性も自覚しているのだから、芸事を極めることの難しさは、花街で

共通理解されている自明のことだとわかる。では、その大変な道を、まったく経験がない仕込みさんやまだ経験が浅い新人舞妓さんたちは、どのようにたどっていくのだろうか？芸事という技能をいかに身につけていくのだろうか。

　芸舞妓さんとしての経歴が長く、そのうえで後進の指導と育成が大切だと感じて置屋を開業したあるお母さんは、花街に新しく入ってきた少女たちに、芸事の技能一つひとつを教えるだけでなく、まずここの人間関係になじむことの大切さを教えるという。個人主義的な考え方にもとづいて教育をうけてきた今の子たちは、舞妓さんになりたいという明確な意思をもち、自分で情報を検索してキャリアの入り口にたどり着く一方で、花街の濃密な人間関係になじめないことが多いのだという。現代っ子たちは、何でも自分で考えてすることがベストな方法だといわれてきたことが多いため、花街のような、人間関係に支えられ、緊密な人と人との関係性の中で能力が磨かれていくという育成の仕組みそのものに、どうも拒否反応を起こすこともあるようだ。

　そんなときに、このお母さんは「花街は運命共同体のようなものやさかい、ここでは、お互いに助けあうこと、心が通いあう関係であることが大切なんどす」と、かみ砕いて説明するのだという。今までまったく縁もゆかりもなかった人から技能や花街のしきたりを教わらなければならないのだから、「その関係をちゃんと作っていく努力をしなあかんのえと、教えるようにしているんどす」と話す。

図表4－1　T(D)WCAサイクル

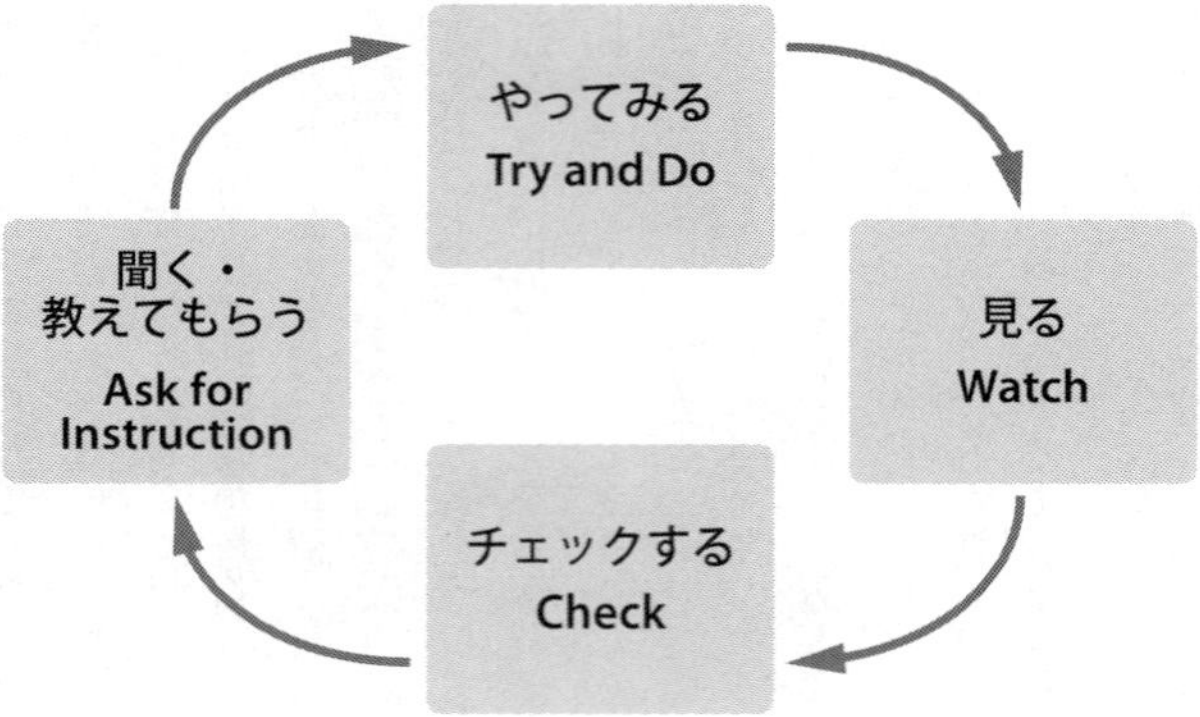

芸舞妓さんたちの伝統文化技能は、形ができればそれでよいというものではなく、お座敷で同席した芸舞妓さん全員が呼吸をあわせて披露してこそ、輝いて見えるものである。だからこそ、お互いに支えあう気もちを学ぶことにも、ポイントがある。また、お座敷でお姉さん芸妓さんの目配せ一つでさっとビールを運んでくるなどの、緊密な連携プレーによるおもてなしの場作りは、こうしたお互いの気もちを汲みとる力によって支えられている。

だから、新人さんたちにとっては、技能を知識として学ぶのではなく、体で覚えることと、教えてくれる周囲の人とよい関係を作ることが必要である。専門教育のために学校に行ったり、お師匠さんからお稽古をつけてもらったりと学ぶ機会は充実しているが、それだけでは、技能を自分のものとして定着させることができない。

お稽古やお座敷、あるいは日常生活の一つひとつの動作でも、単に自分が教えられたとおりに「する」だけでなく、先輩の様子を「見て」覚え、自分の様子を「チェック」し、そしてわからないことは「聞いて」、時には詳しく「教えてもらって」、自分で実際に「やってみる」。そしてまた、手本となる人たちの様子を「見て」自分の様子を「チェック」してわからないことを「聞いて」と、日々常にこのサイクルを回すことができるようになることが大切である（図表4-1）。

自分の周りは先輩ばかりだから、気を遣うことは当然だが、そんな中でタイミングよくいつどこでだれに教えてもらうのか目配り気配りしながら、何度も何度もこのサイクルを回すことで、少しずつ立ち居振る舞いも、言葉遣いも、舞いの一手一手も自然に自分のものにしていくのである。

舞妓さんのアイデンティティ

芸舞妓さんになるための修業は想像以上に大変で、しかも見世出し後も現役であるかぎりは、ずっと努力をしていかねばキャリア形成はできない厳しい職業である。希望者の多くは、修業の厳しさの説明をうけて、この世界に入ることをあきらめるというし、仕込みさんの途中で辞める人も少なくない。またせっかく舞妓さんとしてデビューしたのちに、年季の数年間が耐えられずに、ひっそりと花街を去る人もいる。

年季期間中、置屋のお母さんは、舞妓さんに愛情も資本もたっぷりと注ぐ。だから途中で辞められることは、本当に痛い。舞妓さんの意思を縛ることはできないから、だからこそ、舞妓さん本人が、「しんどい」と思うことがあっても、それ以上に舞妓さんでいることの楽しさを感じ、努力できるようにすることが、キャリアを形成するためには必要である。たとえば、踊りの会のときに、舞台で一生懸命舞を披露する姿をご贔屓のお客に見てもらい、上達をほめてもらう、あるいは、お座敷でお稽古途中の少し難しい曲を舞わせてもらって、お稽古だけでなく芸として披露する責任と達成感を感じるように工夫するなど、置屋やお茶屋のお母さんたちは、舞妓さんたちの芸事へのとり組みの努力を認め、それを他者からきちんとわかってもらう機会を作っている。こうしたことが重なると、一〇代の若い舞妓さんたちも、プロとして芸事を披露する喜びを感じ、本人が舞妓さんだからこそこうしたことができるという自覚をもつようになるのだと、ある置屋のお母さんは話していた。

このお母さんが、新人舞妓さんとして花街にやってきた約三〇年前は、置屋のお母さんや周囲のお姉さんたちなどとの家族のような関係性の中に入り、花街にあるいろいろなルールに染められていくことに、疑問をはさむ余地がなかったと話す。つまり、当時は疑うことなく、芸舞妓さんになることは花街共同体の中に入ることだと思ったという。その結果、花街の中の関係性に支えられて自然に技能を修得する努力をし、花街の一員として自他ともに認められるようになって、ここでやっていこう、やっていけるという気もちが生まれたという。まさに芸舞妓さんとしての職業上の※アイデンティティが、この街の一員となることを受け入れることと一緒に、確立されたのである。

しかし、現代は事情がちがう。花街の共同体に所属することも、そして、その中で上下関係という序列にもとづく生活を送ることも、若い女性たちのもつ個人主義的な考えとは相容れなくなっている。また、現在では一世帯あたりの家族の人数も減り、三世代、四世代など多様な年齢層との交流経験も乏しくなっているため、花街のように上は八〇歳以上から下は一五歳までという組織構成員の年齢の幅の広さも、若い世代にとっては、なかなかなじめないものである。

だからこそ、舞妓さんになるためにはたくさんのギャップがあること、それを承知のうえで、自分の選択したキャリアだからこれは好きでやっている、自分の意思で花街の一員になったということを、育成責任者である置屋のお母さんが働きかけて自覚させておくことが大切である。若い芸舞妓さんたちのキャリアを築くうえで、忘れてはならないポイントがここにある。昔のように金銭的なことや義理で縛られて花街にきたわけではなく、「自分でやってきた、頼まれてきたわけではないから」ということを、本当に自覚させることができるかどうかは、舞妓さんらしいアイデンティティ育成にとって、重要なポイントである。

※アイデンティティ　女性のアイデンティティの形成については、岡本祐子編著『アイデンティティ生涯発達論の射程』を参照。

誇りと慣れ

「芸妓はんは一生一人前になれへん、芸事には終わりはあらへんのどす」

こう話してくれる芸舞妓さんたちにも、キャリアの途中で、「慣れ」を感じることがあるらしい。花街の生活にもなじみ、舞妓さんとしてある程度仕事に慣れたと感じる時期があるということは、話を聞いた複数の舞妓さんに共通して見受けられた。この慣れを感じる時期は、舞妓さんたちのキャリアの一つの節目である。舞妓さんらしさも板につき、プロとしてのアイデンティティも芽生えてきたころ、「誇り」を自覚しはじめる一方で、舞妓さんであることに、彼女たちは「慣れ」も感じるからだ。

舞妓さんは、日本各地で開催される京都物産展や観光キャンペーンなどといったイベントにでかけることがある。こんなとき、地方にでかけた舞妓さんは、観衆の注目を一身に浴びる。また、海外にも日本髪のままで出張に行くことがあると複数の舞妓さんが語っていた。このように彼女たちは、花街の外にひと目で舞妓さんとわかる格好ででかけ、周囲から注目を集める経験を重ねている。こうした、普通の高校生ではできないようなえがたい経験は、舞妓さんであることに誇りを感じる大きな要因になっている。

しかし、舞妓さんであることに誇りをもつ一方で、いろいろなところでちやほやされることから謙虚さを見失うこともある。たとえば、レストランでメニューにない食べ物を頼んでも、舞妓さん姿であれば無理を聞いてもらえることがあるという。また、目立ついでたちなので、いたるところでカメラや携帯電話を向けられ写真を撮られる。最初はうれしい気がするが、慣れてくるとカメラを向けられると下を向いたり顔をそむけたりして、写真に撮られないようにすることもあるというのだ。

こんな時期のことを、ある舞妓さんは「おごり」という言葉であらわしてくれた。自分が一人前になったような気もちになる「おごり」を感じたとき、周囲の先輩から教えられたことが腑に落ちてこず、お姉さんに叱られたという。しかし、後輩の舞妓さんができたことで、自らの立場を振り返ることができ、自分も後輩の舞妓さんと同じように「おごった」時期があったことを自覚できたと話してくれた。

最近の京都ブームで、京都の代名詞とも呼べる舞妓さんたちにはお茶屋の※お座敷以外の仕事が増加し、その結果、芸事の技能が未熟な新人の舞妓さんたちにも花街の外での仕事が増えている。こうして周囲から非常に注目される経験をデビュー直後から重ねることで、新人さんたちは舞妓さんであることに誇りを感じるようになる。デビュー後一年か二年たち、自分の役割を理解して振る舞えるようになる時期は、舞妓さんであることの誇りが形成されるとともに、何とか一通り仕事も芸事もできるようになったという自覚から「おごり」を感じる時期でもある。また、「おごり」が生じることで、お座敷や芸事などにひたむきに打ち込めず、そのことがキャリア上の「スランプ」にもなる。

以上から、舞妓さんのキャリア形成には一人前という明確な定義はないけれども、デビュー後一～二年に慣れる時期があり、ここで本人には一応の一人前という気もちができているることがわかる。さらに、この一応の一人前と本人が何となく感じる時期を乗り越えることが、新人の一生懸命さからより自覚的に自己のキャリア形成について考え行動するポイントとなる。プロとしての謙虚な自覚が、これからの舞妓さんの一生を支える重要な視点になるのだ。

※**お座敷以外の仕事**　京都物産展や観光関連のイベントのほか、絵や写真のモデル、修学旅行生を対象とした舞の披露など、多岐にわたっている。

お客とご飯食べ

花街の人間関係は、お母さんやお姉さんといった家族関係の比喩で表現されることが多い。そして、花街を訪れるお客も、男性の場合は年齢にあわせて「お兄さん」や「お父さん」、女性の場合は「お姉さん」と、やはり家族的な呼称で呼ばれる。

一見さんお断りの花街では、お客はお茶屋を窓口として花街という世界へ外部から継続的に参加する特殊なメンバーである。この継続的な参加は長期間にわたることが多いから、それにともなって、宿坊のお茶屋とはもちろんのこと、そこによく出入りする芸舞妓さんたちとのつながりも深くなる。

たとえば、お母さんやお姉さんなど年齢の離れた先輩に囲まれ、少し息苦しく感じる若い舞妓さんを、お客がお茶屋の外に連れ出して遊ぶことがある。舞妓さんたちをクラブなどに呼んで、一緒に多少リラックスできるところで話をすると、彼女たちはやはり今どきの若い子だから、わあわあと騒ぐこともあり、お客のほうが舞妓さんたちの面倒をみている、という感じになることもある。

ここでお客は、気を遣うことが多い先輩たちから離れたところに芸舞妓さんを連れ出し、芸舞妓さんを甘やかす、かわいがるといった父親的な役割を果たしている。もちろん、お客のほうも、芸舞妓さんをお茶屋のお座敷以外の人目につくところを連れ歩くのだから、そのこと自体を十分楽しんでいる。だから、芸舞妓さんに息抜きをさせるためだけに連れ出しているわけではない。しかし、現代っ子の芸舞妓さんたちが、花街の厳しい上下関係の中で息苦しい思いをしていることはお客も知っており、そこには自分の贔屓の芸舞妓さんの立場を配慮する気もちもあると考えられる。

そのことを示すエピソードがある。※衿替えを控えている舞妓さんが、今しかできない舞妓さん姿で日ごろは行ってはいけないファストフードのお店に行ってみたいと希望し、お客とのご飯食べという形でそれをかなえたというのだ。「舞妓さん」というブランドを背負っている彼女たちは、繁華街にでかけても、映画館やデパートなど、行ってもよいところが決まっている。舞妓さんとはイメージがかけ離れたファストフードのお店に入ることは、原則禁止である。ところが、こんな花街のルールに触れることでも、お客と一緒なら破ることができ、それが非常に楽しかったと、話してくれたのだ。

この場合、お客は舞妓さんと一緒にファストフードを食べたかったわけではない。かわいがっている舞妓さんの望みをかなえてやりたい、彼女の喜ぶ顔が見たいという親心的な気もちから、連れて行ったのであろう。このように年齢的に若い舞妓さんにとっては、お客は無理をいい甘えることができる存在なのである。

こうした若い芸舞妓さんをかわいがり、その行く末が気になる気もちは、筆者も感じたことがある。また、新人のときからその様子を見守ってきた舞妓さんの成長はとても気になる、と話すお客もたくさんいる。このように、お客の中には芸妓さんに巧みな芸と成熟した女性美を求める一方で、舞妓さんたちの芸やお座敷での会話の上達などを気にかけ、舞妓さんたちの育成に関与し「育てる喜び」を体験したいという人もいるのだ。

お客とご飯食べに行くことは、舞妓さんたちにとっては仕事でもあり、時には息抜きにもなる、舞妓さんがキャリアを築くうえで大切なできごとである。こうしたことがわかっているお母さんは、その舞妓さんのもち味をわかってその子を育ててくれる気もちをもったお客に、ご飯食べに連れていってやってくれと頼むこともある。このように舞妓さんのキャリアを育て、彼女たちの花街でのキャリアをより磨くためには、お客も重要な関係者なのである。

※**衿替え**　舞妓さんから芸妓さんにかわる一大イベント。詳しくは本章を参照。

わかってくれる存在

お客と芸舞妓さんたちとの関係は、お客が彼女たちを見守り、彼女たちはお客に甘えるといったつながりだけではない。芸舞妓さんたちは、芸事が上達したことをお客からほめてもらえると本当にうれしい、と話すことが多い。

芸舞妓さんたちにとっては、お客から努力や技能を評価され認められること、しかも継続的な視点で自分の成長を見てもらっていることが、一番うれしいことなのである。こうしたことから、芸舞妓さんたちは、お客を単に甘えられる存在としてではなく、自分の技能の成長を見守り、それを適切に評価してくれる存在として見ていることがわかる。

また、花街に長期に通っているお客ほど、芸舞妓さんの技能を育てることを心がけ、時に応じて芸舞妓さんに声をかけて、その成長をほめるようにしていることが、お座敷でも見受けられる。しかも、きちんと芸がわかるお客は、芸舞妓さんたちがどういう言葉でほめてもらうとうれしいのかまで心得ているようである。

たとえば、芸舞妓さんたちは女紅場以外でも専門家について舞や唄など複数のお稽古をしていることが多い。こうした個人的にお稽古している芸事の発表会が年に数回あり、贔屓客や伝統芸能に関心のあるお客たちはその発表会を見に行くことがある。そのおりに、お部屋見舞いなどのねぎらいだけでなく、舞台の上で発揮された芸舞妓さんたちの技能の出来栄えについて、具体的に邦楽の曲名をあげ、その難しい箇所も指摘したうえで、○○がうまくできていたなどと、技能の腕がどのようにあがっていたかを伝えたりすることがある。芸舞妓さんにとって、このように自分の芸事への精進をお客がきちんと理解してくれていることが、何よりも喜びとなり、自分自身の芸事の能力向上を認めるよい機会にもなっている。

花街で対価を支払い、サービスをうける立場のお客たちは、実は、このように芸舞妓さんのキャリア形成に重要な役割を果たしているのである。芸舞妓さんたちにとって、お客は、文字どおりお客であると同時に、時には、自分の芸の成長を理解しかつ評価できる育成者でもある。このようにお客は芸舞妓さんたちに対して、一般的によく話題になるような異性としての愛情ではなく、守り育てるような愛情を注いでいるのだ。

こうしたお客との関係を通じて、舞妓さんや芸妓さんたちは、励まされ支えられながら、自分の花街の中での成長を感じ、この世界の一員となっていることを認識している。一生一人前になれない厳しい世界では、こうしたお客の存在が、キャリア形成によい影響をあたえているのだ。

さて、次章では、このお客と関係が深いお茶屋に焦点をあててみる。お茶屋はどうやってお客と取引関係を結んでいるのだろうか？　少し詳しく見ていこう。

「舞妓はん」に変身！

華やかな着物に豪華なだらりの帯、季節の花かんざしで彩られた日本髪、日本的な肌の美しさを強調するお化粧。女性のあこがれ「舞妓さん」になりたいという夢を手軽に叶えることが、京都ではできる。それが「変身舞妓」だ。京都市内には十数軒の変身舞妓業者があり、同業者の組合も結成されている。

筆者も複数の業者で変身を体験してみた。四〇分ほどでお化粧や着付けは完了。思ったより短時間で手早く変身でき、鏡には白塗りのお化粧に豪華な衣装を身につけた舞妓さん姿の筆者が映っている。しかし、そこからが大変だった。衣装一式は一五〜二〇キログラム程度、袂は長く腕の上げ下ろしもままならない。だらりの帯は膝裏の下あたりまで長く垂れ、襟も後ろに大きく開けているから重心が後ろにかかる。椅子から立つ、椅子に腰かけるという基本動作も一人では満足にできない。さらに「おこぼ」を履いて歩いてみると、一〇センチの厚底ではバランスがとれず、足が思うようにでない。新人の舞妓さんが「おこぼ履いて転んだことありますえ」と話してくれたことを思いだしながら、何とか歩いてみたが、ペンギンのようで少々みっともなかった……。

舞妓さん姿を体験してみると、「舞妓はんの基本は体力」という置屋のお母さ

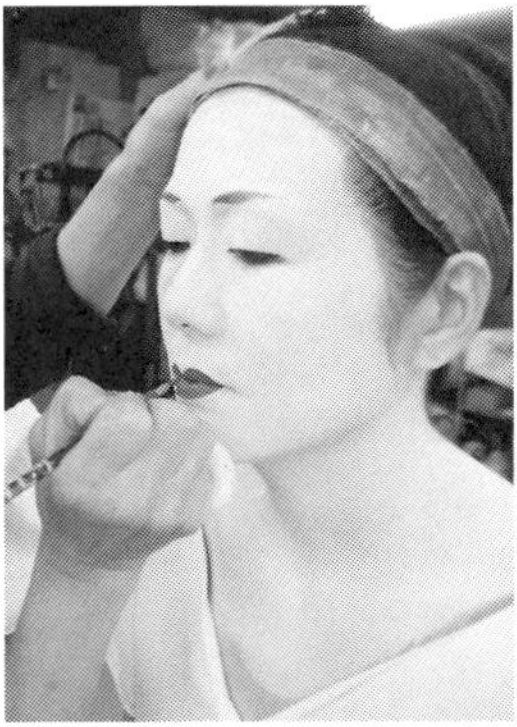

んの言葉が実感できる。彼女たちはこの衣装で日本舞踊を舞い、お酌をしたりお酒やビールを運んだりと一日数時間は働くのだから、お座敷は結構な肉体労働のはずだ。さらに、お客さまへの気配り、同席する芸舞妓さんたちとの連携など、四六時中周囲に配慮しているのだから、心理的にも重労働だろう。では、舞妓さんが、そんな苦労をおくびにもださずに、にこやかにお座敷をつとめることができるのは、なぜだろう？

もちろん、慣れることは大きな理由の一つだ。大きく揺れてしまうだらりの帯をさっと後ろ手で押さえて、階段を下りる姿を見ていると、毎日身につけることで衣装が体の一部のようになっていることがわかる。歩きにくいおこぼも、「こぼっ、こぼっ」と、石畳に軽快な音を響かせるようになり、屋内にいるお茶屋のお母さんにはその音でどの舞妓さんが前を通ったかわかるほどになる。固い箱枕にも慣れ、日本髪が寝ている間に崩れることも少なくなる。さらに、「冬のうなじの寒さ、夏の衣装の暑さも、気合いで何とか乗り切るんどす」と明るく話す様子から、柔軟に環境に適応していることがわかる。そんな彼女たちのけなげさを見ていると、「おきばりや」と思わず声をかけてしまいたくなる。

実は、このけなげさの裏には、強い意思が隠されている。それは、今ここでしかできない舞妓さんへの「自負」だ。「京都に七〇人やはるというのは、世界中でも七〇人しかやはらへんのやさかいに」と、舞妓さんであることへの強い誇りを聞かせてくれた元舞妓さんがいた。

簡単ではないお化粧、動きにくい衣装、手入れが必要な日本髪、歩きづらい履物。一つひとつは身につけるうえで制約が多いが、それが一体となったときには、京都の舞妓さんという華麗な存在ができあがる。だからこそ、変身といえども舞妓さんになると気もちが高揚し、また変身するリピーターも多い。そんな舞妓さんという存在に、舞妓さん自身もあこがれ続けているのではないだろうか。実際の大変さ以上に「舞妓はん」であることへの自負が、彼女たちの笑顔を支えているのだ。

第5章

お財布はいりまへん

――分業制度と取引システム

第3章で詳しく紹介したように、現在でも京都花街では、一見さんお断りの慣行が続いている。そして、お客がお茶屋を利用した料金は、後払いである。だから、花街で遊ぶときには「お財布はいりまへん」といわれるのである。実際にお茶屋を利用してみると、その後日に精算というのは、大変ありがたい制度であることがわかる。接待で利用した場合、会計という行為そのものがないから、接待される側に心理的な負担をかけることなく、スマートにお茶屋をあとにすることができるのだ。

しかし、このシステムが、一般的にはとてもわかりにくいらしい。筆者は、友人や知人からぜひお茶屋に一度行ってみたいのだが「いくらぐらいもっていったらいい？」という質問をよくうける。

「お支払いは、そのときにせえへんさかい、お金は別に気にせんでもかまわへんし。請求書はまたあとで来るけど、一カ月か二カ月、場合によってはもう少し時間かかるかもしれへんし、来たらまた連絡するし」と返事をすると、「えっ、その場で払えへんの！」と驚かれる。そして、不安だから何とかその場で支払えないか、そもそもなんですぐに支払いができないのかなどなど、たくさんの質問を矢継ぎ早にされることになる。

そこで、本章では、こうしたお茶屋に関する素朴な疑問を解き明かしていきたいと思う。ここで重要な手がかりとなるのは、京都花街の取引制度である。

京都花街は、顧客から見れば、伝統文化に裏打ちされた最高のおもてなしを楽しむことができる場である。一方、そこで働く芸舞妓さんやお茶屋のお母さんたちにとっては、自分の提供する専門職ならではのサービスに対してきちんと対価をうけとる、ビジネスの場である。だから、ビジネスの場にはその場にふさわしい取引のルールがあってしかるべきだろう。

そういう視点で花街をながめてみると、お茶屋がこの場の重要な鍵になっていることがわかる。そう、お客と芸舞妓さんたちをつなぎ、両者が出会う場所を提供し、飲食のサービスを組み立てるのは、お茶屋なのだ。お茶屋のお母さんたちは、着物姿もあでやかに、やわらかい物腰で、まったりした京言葉を使って、おもてなしの場をとり仕切っている。そして、お座敷で提供するサービスを仕入れ、コーディネートし、「うちところだからこそ」という自負心をもって、お客に最適なおもてなしをプロデュースする責任者でもあるのだ。

「そんな、なんにも難しいことはしてへんのどす。お客さまが、喜んでくれはるように、気張らしてもらうんどすけど、まだまだ知らへんことがぎょうさんありまっさかいに、いつもみなさんに教えてもろてるんどす」

長期の掛け払い

お茶屋を利用したあと請求書は後日届けられ、サービスの対価の支払い期日が時には数カ月後になるという長期掛け払い制度は、顧客の信用をベースにして成り立つシステムである。しかも、クレジットカード払いという制度がなかった江戸時代から、取引制度として流布し、現在でも慣行として定着している。

高額のお金をもち歩くことを避けられ、会計に煩わされることが少ないというメリットが花街で重視されるのであれば、お茶屋の支払いがクレジットカードでできても当然である。しかし、クレジットカードをお茶屋の支払いに使うことはできない。非常に高額のものが購入できるといわれるブラックカードも、京都花街では何の役にも立たない。クレジットカード会社お得意の与信機能も、ここでは機能しないのである。

伝統を重んじる京都花街のお茶屋では、自分たちの歴史より短期間しか流通していないクレジットカードというシステムそのものを信用しないのかもしれない。このようなこと自体、時代に即応せず不便な制度を守ることではないか、だから花街は敷居が高くて、と思われるかもしれない。が、実はそうではない。クレジットカード払いが通用しないのには、もっと深い、しかも非常に合理的な理由があるのだ。

この長期掛け払いにもとづく顧客とお茶屋の取引制度は、お茶屋が顧客について与信する能力をもつことができる制度である。そして、顧客に関する信用情報の蓄積こそが、お茶屋のメリットとして重要なのであり、クレジットカード払いではこの貴重な信用情報を第三者であるクレジットカード会社に渡してしまうことになる。

お茶屋をよく利用する得意客や、何代にもわたってお茶屋を利用する長期のなじみ客のさまざまな情報が、この長期掛け払いのシステムを通じて、お茶屋の中に蓄積されていくのだ。そして、この信用情報は、マーケティングで重視されるような顧客の金銭的な信用や嗜好に関する情報だけではない。いわゆる「本音」と呼ばれるような顧客の本当の欲求や、隠れたニーズを推測できるような重要な情報が、「お財布はいりまへん」という顧客への究極の利便性提供のキャッチフレーズによって、集められているのだ。

お客とお茶屋の関係

この情報の蓄積について、具体例をあげて考えてみよう。

たとえば、お座敷に来たお客が「お母はん、この間の分の払い、振り込んどいたでぇ。お世話になったなぁ」と言うと、「へぇ、おおきに。いつもちゃんとしてもろうて、ほんまにありがとうございます。ところで、この間呼んでもろうた舞妓はん、どないどした？

料理もちょっと目先をかえてもろたんどすけど、お口におうてましたやろか?」とお茶屋のお母さんが応える、そんなやりとりが、ごく自然にお客とお母さんとの間でなされている。

請求書を持参し集金した時代と、郵便と振り込みですますことができる現代では、当然こうした情報の相互伝達の頻度もかわってきてはいるが、支払いという行為のあとでは本音をいいやすいというお客の気もちを活かして、積極的にかつさりげなく、お母さんはお客の好みをつかもうと努力を重ねている。

お茶屋のお母さんは、お客のお座敷での様子から芸舞妓さんや料理の好みなど提供するコンテンツに関する情報を読みとるだけでなく、支払いという物理的な状況からお客の懐具合を察知し、さらに、長期掛け払いによって、お客の本音をさりげなくかつきちんと継続的に聞きだすことができている。また、そうした積み重ねにより、お客が芸舞妓さんたちを見る目、芸事を見極める力などをもっているのかどうかを、その変化もふくめて知ることができるのである。

究極のくつろぎと合理性

なじみの顧客は、お茶屋で心からくつろげるという。「こんばんは、お母はん、いるか？　あがるでぇ」と勝手知ったる我が家のように、お茶屋にやってくるお客や、「ただいま」とお茶屋の格子戸をあけるお客もいる。一見さんお断りで、一般的には敷居が高いイメージがあるお茶屋だが、実はなじみになると、非常に心地よい場所なのだ。

お茶屋で提供されるサービス「おもてなし」を作り出すためには、芸舞妓さんたちの芸や、京都ならではの料理などがもちろん重要なポイントであるが、お茶屋のお母さんが、お客がもつ言葉にできないニーズを自分たちのサービスとして具体化することができるからこそ、お客がずっとお茶屋を利用する意味があるといえよう。常連のお客が、「芸妓さんも料理も何にもいらへん、ちょっと一人で昼寝さしてや」と、お茶屋のお母さんにいえるほど両者の関係性が深いのには、長期間にわたる情報の蓄積という背景がある。

そして、宿坊という特定顧客との緊密な関係を維持する京都花街の伝統的な制度との相乗効果により、継続的に取引している顧客の潜在的なニーズを、より正確につかむことができるようになっている。

さらに、お茶屋はお客との今までの取引実績や、提供できるコンテンツとお客との相性といった関係性の濃淡により、お客への請求価格や時期を勘案し、良好なお客との安定的な取引関係を継続するようにしていると思われる。つまり、後日請求には、この取引関係維持のために合理的な理由があるということである（図表5－1）。

したがって、よく利用する顧客と、観光関連事業を通じて利用するようななじみになる

図表5-1　後日精算の合理性

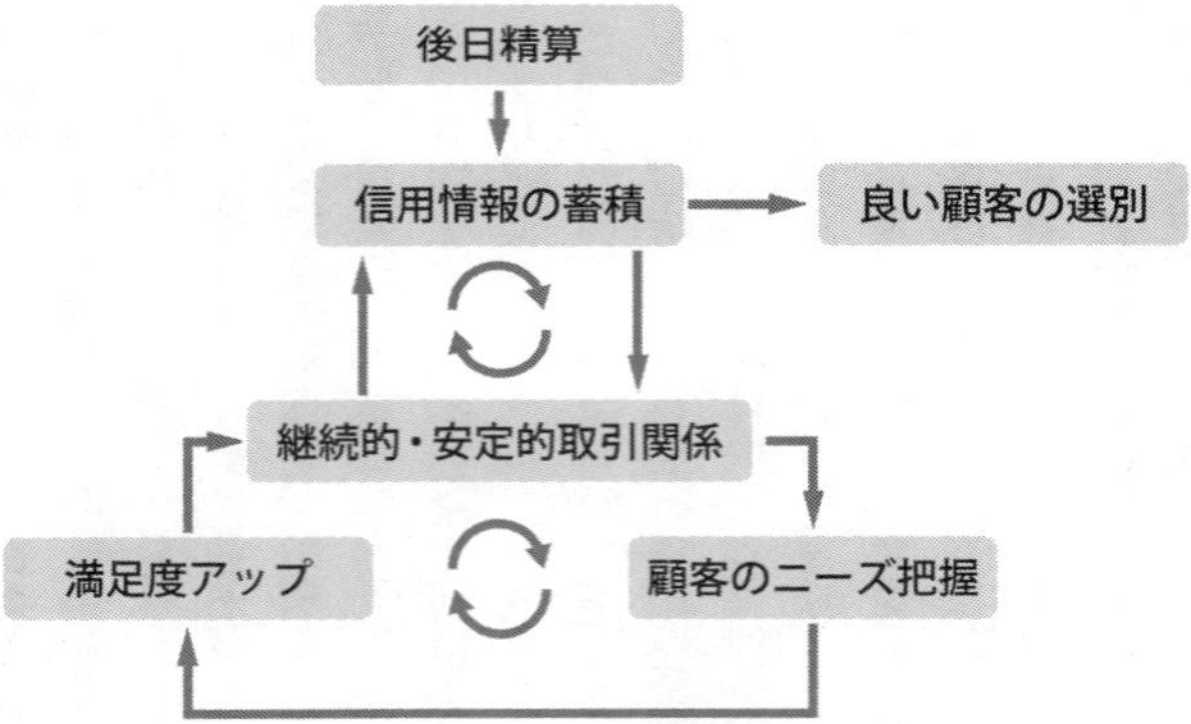

可能性の乏しい一般客とでは、同じようなサービス内容であっても、※請求価格に多少の差異があることも想像できる。ただし、この点については具体的にどのように価格に反映されているのかは、実はよくわからない。あくまでも筆者の推測の域をでないことである。ただ、こうしたことについて情報がないことも、お客の情報を外部にもらすことがないという、信用関係の継続性を何よりも重視する京都花街ならではのことだろう。

※**請求価格**　請求金額の勘案の例として、企業の公式なパーティーなどに芸舞妓さんに出張してもらった場合は経費で落としやすいので、こういうときに以前のお座敷での接待の経費を上乗せして請求し、お座敷遊びの分は請求金額を抑えるといったことがあるらしいということをあげ

ておく。ただ、こうした利用の頻度や金額などはお客の個人情報であり、お茶屋は口外しないので、お母さんに確かめることはできていない。

短期の支払い

お茶屋は、お客とは長期の掛け払いという取引関係を結んでいるが、一方で取引業者への支払いはどのようにしているのだろうか？　顧客から現金が手元に届くまで時間がかかるのだから、当然業者への支払いも長期間の約束手形になるのでは、そんな予想がたちそうだ。

しかし、お茶屋から関連業者に関しての支払いは、通常一カ月単位でなされていると、料理屋さんや花屋さんや扇子屋さんなど取引関係にある複数の業種の社長さんたちは、話してくれた。そして、その払いは非常に※「きれい」であるというのだ。

お茶屋と花街に出入りする関連業種の業者さんたちとの取引関係は、両者ともに老舗と呼ばれるようなことが多く、非常に長期間にわたることが多い。購入のたびに複数の業者から見積もりをとるといった関係ではなく、「いつもの頼むわなぁ」とお母さんがいえば、「へぇ、おおきに、させてもらいます」という暗黙の了解のもとに成り立つ契約関係である。したがって、支払いに関しても、長期の掛け払いではないかと思われそうだが、支払いは短期なのである。サービスの購入と対価の支払いに関しては、お茶屋と関連業者間には、お茶屋とお客との間とはまったく反対の特色があるのだ。

たとえば、老舗の扇子屋の経営者さんは、お茶屋のお母さんの支払いは非常に義理固いと話してくれた。扇子や団扇《うちわ》を納入したおりに納品書と請求書を入れておくと、後日お茶屋のお母さんから連絡があって、「いついつに集金に来てほしい」と日時を指定してくる。そして、その日に行くと必ず現金で支払ってくれる。もし、こちらの都合でその日のあとにしか集金に行けないときは、お茶屋のお母さんの機嫌が悪い、と話すのだ。

「せっかく払うと言うてるんやから、ちゃんとその日に必ず来てほしいということやろなぁ。あんまりこっちは急いでへんさかいに、言われた日の言われた時間に行けへんと、気い悪うして怒ってきゃはることもあるさかいになぁ。お茶屋はんは女所帯やさかいに、世間さんから馬鹿にされへんように、ちゃぁんと支払いをしておきたいと思てはるのかもしれへんけど」

お茶屋のお母さんがいかに支払いに気を遣っているのか、またいかに支払いのきれいさで外部の信用をえようとしているかということが、この話からよくわかる。

また、お茶屋のお母さんは、業者の提供するサービスの質とその価値の妥当性を常にチェックし、もし提供内容に不満があったり、期待にそうものが提供されないことが続いたりしたときには、先代から続くような長期の取引相手であっても、その取引を打ち切ることがある。したがって、何かあれば、すぐに代わりの業者に頼むことができるように、業者への支払いを常にきれいにしているとも考えられる。実際に、お茶屋のお母さんが業者のことを気に入らないときは、ごくあっさりと何十年にもわたる取引が切られてしまうと、複数の関連業者が語っていた。

※「きれい」な支払い　支払い期日に遅れることなく現金で支払われるということ。

お茶屋の目利き

では、お茶屋のお母さんたちは、サービスを提供する業者の価値の妥当性を、どのように判断しているのだろうか。

たとえば、ある料理屋の経営者さんは、お茶屋のお母さんから料理の内容について苦情をいわれたときは、それに対して、どうしてそうなったのか※相応の理由があっても一切口答えせず、「すんまへん、次から気をつけます」といわないとお母さんは納得しない、と話してくれた。こう返答すると、お母さんは途端に態度がやわらぎ、「ほな、また次頼むわな」と取引関係が円滑に継続するのだという。実は、これは、業者だからお茶屋に口答えをするな、というレベルの話ではなく、次に同じように頼んだときには、ちゃんとしたものをもってきてくれるんだろうなぁということを、お母さんは確認していると、この経営者さんはいうのだ。

少し詳しくこの例を説明してみよう。

「次から気をつけます」と業者さんが返答すれば、それはお母さんが求めるサービスの水準がわかったうえで謝っている、とお母さんは判断する。そして、次回この業者さんに依頼をしたときに、その提供されるものを見て、お母さんの期待に応えるものを提供できる技能があるのか、それとも口先だけの返事をして次回も同じようなことを起こすレベルの技能の業者なのかを、見極めようとしているのだ。

いかにも京都風のものの言い方、俗に「※イケズ」といわれる言い方の典型であるが、これが理解できないと、京都の商取引の中で生き残っていくことは困難である。

また、お茶屋のお母さんは、自分の提供するサービスについて絶対の自信と責任をもって、花街の中で仕事をしていると思われる。お茶屋のお母さんは、自分が依頼した業者さんが期待にそうようなサービスの提供ができなかったことに対して、それは条件的に無理だと異議申し立てをされるようなことは、たとえ自分で理不尽なことことわかっていても、自分の存在が揺らぐことにつながり、それを避けようとしていると感じる、と話す業者さんもいる。

つまり、お茶屋のお母さんは業者によって納入される技能のあるべき水準を設定し、それが提供できるであろう業者を※目利きしたうえでサービスを購入し、購入結果を見て今後の取引を続けることが妥当かどうかや、提供されるサービスの水準を今後業者が維持できるのかどうかを、「ほな、また次頼むわな」という短い言葉にこめているのである。

お母さんは、こうしたことが飲み込めて理解できる業者を選んでサービスを購入しており、いったんお茶屋のお母さんのおめがねにかなうと、そのつながりは長期間継続し、かつ固い。単価の安い高いでは容易に業者をかえず、お茶屋のお母さんが自分の美意識や提供したいサービスの水準にそう業者を決めたあとは、しくじりがないかぎりずっとつきあうのが、花街での慣例である。

しかし、お茶屋のお母さんの意にそわないときは、その長期の関係は、ごく※あっさりと切られてしまう。お母さんは、業者が花街での経験が乏しいときには、自分の望む水準を教えることもあるが、ほとんどはいろいろな状況から察知することを強く求めると、老舗の花屋の経営者が教えてくれたことがある。お茶屋のお母さんが思うような技能を業者がもっていても、お母さんの意向を汲み、提供するサービスの水準を理解し、しかも場を読んでその技能を発露できないときは、技術レベルがいくらすぐれていても、購入対象とはならないという判断をお茶屋のお母さんが下していることが、関連業者の話からわかるのである。

※**相応の理由があっても……**　遅い時間に何でもいいからすぐにもって来るようにいわれた料理に関して、翌日お母さんから文句をいわれたことがあると話している。同じような話は、花屋からも聞きとることができた。

※**イケズ**　このように相手に考えさせて、しかも自分の技量を知らしめるようなものの言い方は、明治生まれの筆者の祖母が、取引業者によく使っていた。また、孫の筆者にも日常生活で守るべきことを教えるときに使った言い方と非常に似ている。京都の「イケズ」については入江敦彦『イケズの構造』を参照のこと。

※**目利き**　お茶屋らしいサービスに必要なものかどうか、業者の技能について情報を集めて評価し、取引可能ならその価格を値踏みすること。

※**あっさりと……**　先代からの得意先のお茶屋に、自分のしくじりからあっさり切られた経験があると話す関連業者がいた。その業者の提供サービスの質は非常に高かったために、切ったあとでかわりの業者を探すことが大変困難で、お茶屋が困っているという噂話がこの業者の耳に入ってきたが、取引関係の復活の話はお母さんからはなかったという。

芸舞妓さんの営業

次に、お茶屋のお母さんと芸舞妓さんたちの関係を見ていこう。お茶屋のお母さんたちにとって、芸舞妓さんたちは、花街で一緒に暮らす擬似家族関係のメンバーであると同時に、サービスを購入する相手である。花街の中で家族的なつながりをもちながら、一方でお母さんたちは芸舞妓さんたちを、取引関係を結ぶ相手として見ている。したがって、お茶屋のお母さんたちにとって、芸舞妓さんたちも「目利き」の対象となっているのだ。

このお茶屋と芸舞妓さんたちとの関係を考えるために、具体例をあげてみよう。舞妓さんがデビューする見世出しの日、彼女たちは、所属する花街のお茶屋を一軒ずつ歩いて回り、「よろしう、おたのもうします」と挨拶していく。これは単に花街共同体のメンバーになることとの挨拶ではなく、営業の意味合いが強い。「こんど舞妓にならしてもらいました、〇〇どす。うちは、まだまだ何もできしまへんけれど、一生懸命つとめますさかいに、どうぞいっぺんお座敷に呼んでおくりゃす。よろしう、おたのもうします」という意味をこめて挨拶回りをするのだ。そう、舞妓さんとしてデビューする＝営業活動の開始なのだ。

お茶屋のお母さんたちは、新人さんの技量や素質、性格を見極めようと、一年ほどは日常生活の中のちょっとしたことでもチェックしている。だから、複数の舞妓さん経験者たちは、「新人のころは、お母さんやお姉さんのお顔がまだよう覚えられてへんさかいに、街で会う着物きてはる女の人には、みんな挨拶しましたえ」と話してくれる。芸事の技能が未熟な新人の段階では、よいイメージを作ってお母さんたちにかわいがってもらうことが重要だから、挨拶を励行して、きちんとした舞妓さんであることを認めてもらうように努力するのが通常である。

また、デビュー後半年から一年はお座敷がかかってもかからなくても毎日、自分の所属する花街のお茶屋一軒一軒を「おたのもうします」といって回ったものだと、置屋のお母さんが話してくれた。花街によって舞妓さんたちの営業努力には多少の差があるらしいが、お花がかからない（お座敷に呼ばれない）ことが続くと、やはりお茶屋に「おたのもうします」と回るのだという。

あるお茶屋のお母さんによると、よくお座敷に呼んでくれたお客からあまりお花がかからなくなった場合への対応で、芸舞妓さんの技量がわかることもあるという。

「このごろ○○さん、来てはりますやろか？　お母さん、うち何か鈍《ドン》なことしたさかいに、呼んでもらえへんのとちゃうやろか、と思うて気になったんどす」と、自分の振る舞いを反省し、さらに相手に対して配慮したものの言い方をして、お母さんにお客の動向を尋ねるような芸舞妓さんを、このお母さんは引き立てるようにするというのだ。単にお願いしますというだけでなく、自分の提供するサービスに対して謙虚で、より努力をしようという姿勢をもつ芸舞妓さんたちを選択し、自分のお座敷の場でお客が心から楽しめる「おもてなし」を組み立てようとしているのだ。

実は、京都花街のお茶屋では、他の花街の芸舞妓さんたちをお座敷に呼ぶことも可能である。もちろん、自分のところで見習いをした芸舞妓さんたちや、自分の所属する街の芸舞妓さんたちの特徴はよくわかっているから、通常は当然彼女たちをお座敷に呼ぶことが多い。しかし、顧客の希望にそう最上のサービスを提供するためであるなら、五花街全体の中から最適な芸舞妓さんを選ぶということもあえてする。このように、芸舞妓さんという人材も他の業者と同様に、ある意味で代替可能性のある、購入選択肢の中の出入り業者の一つなのである。

お茶屋のお母さんたちは、芸舞妓さんたちの営業努力を評価しつつ、かつお座敷で提供される芸舞妓さんたちのサービスの質も、必ずチェックし評価している。もちろん、すべてのお座敷にお母さんがずっと同席することは物理的に困難であるから、適宜お座敷をのぞいて芸舞妓さんたちの様子を観察したり、新人など気になる芸舞妓さんを呼んだ場合には長時間お座敷に同席したりと、そのチェックの方法は時と場合に応じたものとなる。また、出張など、花街の外での仕事の場合は、顧客との窓口となるお茶屋のお母さんが同行することが多く、自分のお座敷以外での多様な場での芸舞妓さんたちの仕事ぶり、その提供するサービスの質を、その目で確かめているのだ。

よそさんの妓へのしつけ

このように、お茶屋のお母さんによる芸舞妓さんという人材のチェックと評価は、お座敷という場だけで行われるものではない。花街で開催される踊りの会などのイベントのおりや、花街の日常生活の中でも、常に行われている。たとえば、踊りの会などでは舞台上での動きで伝統的な芸事に関する基本的型ができているのかどうか、日ごろの挨拶の仕方やしぐさでは花街らしい規範が身についているかどうかが、お茶屋のお母さんによってチェックされ評価をうけている。また、お客から芸舞妓さんの評判を直接聞くことはもちろん、お客を相互に融通することがある料理屋の女将《おかみ》さんからも、※芸舞妓さんの評判については情報をえている。複数の場で、多様なネットワークを利用して、お茶屋のお母さんたちは常に芸舞妓さんたちの評判に関する情報を手に入れているのだ。

この様子について、邦楽関係の専門家で花街の舞台を技術的に支えている人から、話を聞かせてもらったことがある。お茶屋のお母さんたちは、舞台の上はもちろん舞台裏での芸舞妓さんたちの態度も、本当によく見ていて、態度や立ち居振る舞いが気になる芸舞妓さんがいたら、直接お母さんが注意したり、その芸舞妓さんのお姉さんにいったりして、直させるのだという。毎年、花街の舞台を支えている業者さんの目から見ても、実に行き届いた様子だというのだ。

芸舞妓さんの育成に関しては、見習い茶屋のお母さんはもちろん積極的に関与する。また、見習いには来ていないが、所属する置屋のお母さんとのつきあいが深ければ、その置屋の芸舞妓さんたちの様子を気にかけることも、よくわかる。しかし、それ以外であっても、お茶屋のお母さんたちは、芸舞妓さんたちを育てることが、結局は自分のところで提供するサービスの質を規定する大きな要因になることがわかっているから、義理があまりなくても、短期的利益に結びつかなくても、その様子を気にしている。たとえば、芸舞妓の技能を磨くために、お座敷に呼ぶ芸舞妓の組み合わせを考えることもあるという。

お茶屋のお母さんたちは、直接的には芸舞妓さんたちの育成の責任を負ってはいない。もし芸舞妓さんたちの振る舞いに問題があると思えば、次回から呼ばないという選択肢をとれば、それで終わりのはずである。そのために、支払いもきれいにしているのだから、自分のところにあまりなじみのない芸舞妓さんたちの教育に余計な手間をかけることは、理にかなった行動とはいえないことになる。しかし、こうしたことをお母さんたちが続ける理由としては、質の劣る芸舞妓さんが自分のお座敷に来たら、自分の経営するお茶屋で提供できるサービスの質そのものが低下し、お茶屋のお母さん自身が恥ずかしい思いをし、お客の満足にも結びつかないからということがあげられるだろう。いつどんなことがあって、どの妓《こ》をお座敷に呼ぶことになるかわからないという気もちがあるからこそ、こうした行動がごく自然にとられるのである。だからこそ、時には口うるさいなぁと芸舞妓さんたちから思われることがあっても、気になることがあれば、それを指摘するのだろう。

このように、お茶屋のお母さんたちは、お座敷はもちろんのこと日常の暮らしやさまざまな花街の行事を通じて、常に芸舞妓さんたちの動向をチェックし、その資質の向上に気を配り、花街の中で※大きな役割を果たしているのだ。

ところで、お茶屋と芸舞妓さんや置屋との間のお花（どのお茶屋がどの芸舞妓さんにお座敷をかけたか）の記録については、非常にクリアな関係がある。芸舞妓さんたちの花代の売上は花街ごとの※見番《けんばん》を通じて管理され、闇取引は一切認められていない。お茶屋は自分のところで頼んだ芸舞妓さんの花代（花代を何本つけたのか）の記録を見番に届ける。一方、置屋も自分のところで抱えている芸舞妓さんにかかったお花（どこのお座敷にどの芸舞妓さんが行ったのか）の記録を見番に届ける。こうして一年分の花代の記録をまとめたものが、各花街でお正月あけに、年間のお茶屋と芸舞妓さんの花代の※ランキングとして発表されるのだ。花街の外部にはお茶屋や芸舞妓さんの売上ランクなどは公表されないが、花街内部ではこの花代の売上にもとづく取引関係の情報は公開され、取引の透明性が担保されるようにもなっている。

※**芸舞妓さんの評判**　京都の有名な料理屋「菊乃井」の女将が書いた本、村田英子『京都「菊乃井」大女将の人育て、商い育て』に、料理屋とお茶屋の関係、芸舞妓さんの座持ちの評価などについての記述がある。

※**大きな役割**　相原恭子『京都舞妓と芸妓の奥座敷』他、岩崎峰子『芸妓峰子の花いくさ』、山本雅子『お茶屋遊びを知っといやすか』などにも、お茶屋のお母さんが芸舞妓さんの育成にかかわる様子は記述されている。

※**見番**　花代など花街の事務処理を行うところ。事務所、組合と呼ばれることも多い。

※**ランキング**　詳しくは第6章参照。

花街共同体と分業制度

このように、京都花街では取引情報が、その中できちんと公開されている。そして、この取引関係の要《かなめ》となるのが、お茶屋である。お座敷という場をコーディネートするということは、顧客のニーズや情報をもとに、取引業者にサービスのコンテンツを発注し、それらを組み立てて「おもてなし」を形にするということである。お茶屋のお母さんが、お客の好みや季節感、さらにお座敷利用の目的も勘案して、料理屋さんや仕出屋さんから料理をとり、置屋から芸舞妓さんを指名し、それらを独自の感性でコーディネートすることで、お客にもっとも適切なおもてなしを提供しているのだ。こうした毎日の取引の結果と顧客の満足度は、お茶屋の経営者であるお母さんの側に蓄積され、その経験にもとづいて、また業者を指定し、自分のお座敷で提供するサービスの一つひとつを購入していることがわかる。

そして、このお茶屋のお母さんのコーディネートは、顧客や関連業者との長期の取引関係と、支払い（請求）の長短を相手によりかえることによって支えられている。さらに、

図表5－2　お茶屋を中心とした取引関係

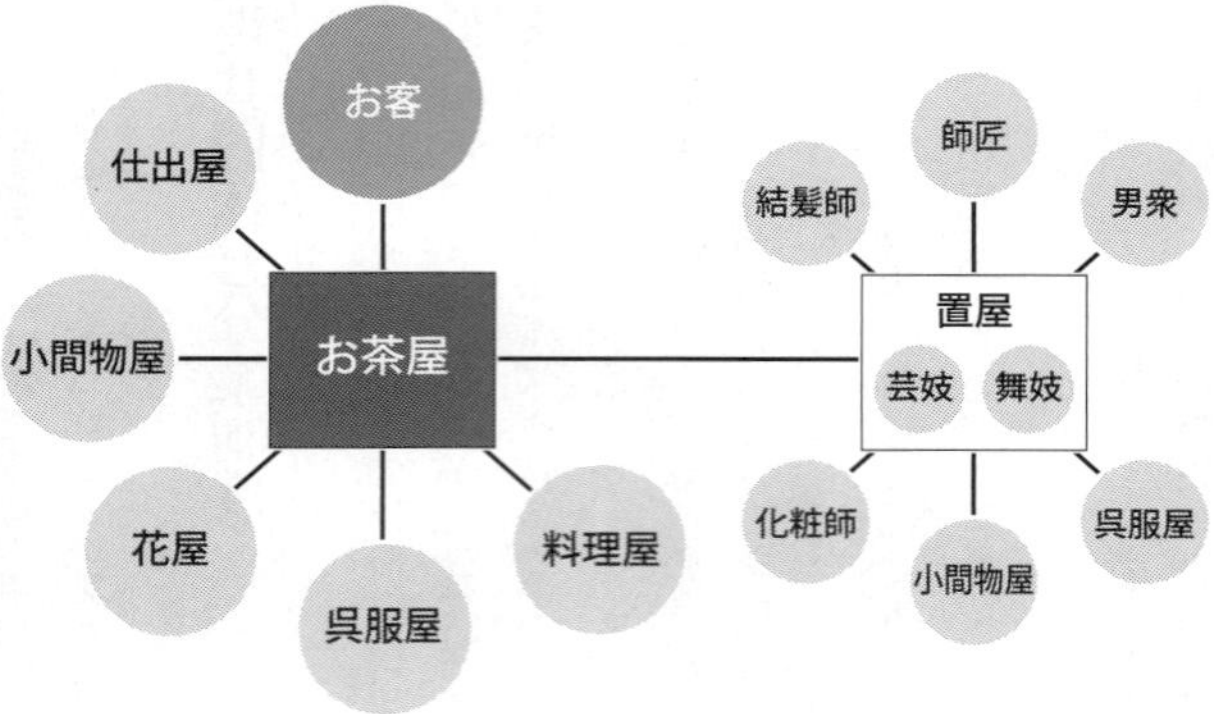

長期的に質のよいサービスを提供できるようにするために、花街の「おもてなし」サービスの要である芸舞妓さんたちを育てる役割も担っている。

ここで、京都花街でお茶屋を中心とする取引関係で結ばれるメンバーを整理しておこう（図表5－2）。

まず、お茶屋で提供されるサービスのパーツを構成する業者さん＝芸舞妓さん・置屋・料理屋・仕出屋・花屋などをあげることができる。さらに、お茶屋のお母さんたちや芸舞妓さんたちに付加価値をつける業者さん＝呉服屋・小間物屋などや、芸舞妓さんたちに付加価値をつける専門家たち＝男衆（着付けの専門家）・化粧師・結髪師・芸事の師匠など、そして、最後にサービスを購入するお客をあげることができる。

このように、複数の業者とお客がお茶屋を中心とする取引制度によって結びつけられ、産業としての花街が成り立っている。しかも、この関連性は、短期的なコストだけで決定されず、長期的な質の維持や向上を目的として決定される。それゆえ花街全体をながめてみると、それぞれの業者があたかも一つの組織のように、有機的に関連し、まるで花街共同体ともいうべき共存共栄の関係を築き上げていることがわかる。

さらに、この花街共同体を構成するメンバーを見てみると、それぞれが専門家として業をなす人たちであることがわかる。これらメンバーは、お茶屋をハブとする独特の取引システムによって結ばれ、厳しい評価にさらされてもいる。いいかえれば、お茶屋は専門家による※分業制度をもとに、自分を中心とする取引システムを構築し、花街でサービスを提供する専門業者をコントロールし、その質を維持しているのだ。

※分業制度　分業制度にもとづく事業システムについては加護野忠男「京都・祇園に学ぶ『アンバンドリング』という手法」を参照。

自分の技量の見極め

お茶屋のお母さんたちは、芸舞妓さんをふくむ専門家たちの様子を見て、その質をチェックし、サービスを購入するかどうかを決めている。さらにお客の様子を観察して、次に提供するサービスを考えている。毎日、周囲に気を配り、情報を集め選択する、まさに「目利き」の連続が、そのサービスの質を作ることになっている。

では、お茶屋のお母さんは取引システムの中心にすえられるために、自身の技量をいかに磨いていくのだろうか。ここで着目すべきは、お茶屋に唯一金銭を支払うお客との関係である。お客は、お茶屋で自分のためだけの特別のサービスが提供されることを期待し、継続的に取引関係を続けている。花街ならでは、お茶屋ならではのおもてなしを楽しみにやってくるのである。したがって、お母さんは自分の提供したサービスの意図がお客の求めるものにそったものであるのか、そしてそのサービスはお客の予想以上の素晴らしいものであるのかを、常に気にしているのである。

さらに場合によっては、これはというお客には、採算を度外視してお客の好みを反映した料理を提供する。「お客さまを喜ばせたい」というお母さんの気もちから、時には無理なお客の依頼を引きうけることがあるというのだ。この例から、短期的には儲けがないかもしれないが、大事なお客をずっと大切にし、継続的に取引関係を維持することが、最終的には自分にとってメリットが大きいという判断をお母さんがしていることがわかる。よいお客とよい関係を築くことは、お茶屋のお母さんにとって何よりの財産である。そのためにも、お客の反応からいろいろなことを汲みとることが必要であり、ずっとお客との関係が切れないように、長期の掛け払いの取引慣行が続いているのだろうと思われる。

このようにお茶屋のお母さんは、長期にわたりお客の反応を見て、自分のもつ技量とそれにもとづき提供できる自分のサービスを「見極め」、自分の花街の中での技量の価値設定をし、提供するサービスの「値決め」をしてきたと考えられる。つまり、自分自身を目利きすることを、お茶屋のお母さんが自らに課してきたのである。

自分の技量を見極めてこそ、取引業者の技能を目利きでき、アンバンドリング（専門業者の分業）とリバンドリング（お茶屋が組み立てる）のメリットを活かし、最上のサービスを提供することができる。そんな厳しいルールが、華やかな花街のビジネス・システムの屋台骨を支えているのだ。

第6章

花街の評価システム

――成果主義と三六〇度評価

衣擦《きぬず》れの音も美しく立ち居振る舞いの洗練された芸妓さんたち、振袖にだらりの帯の姿はまるで日本人形のような舞妓さんたち。お座敷に彼女たちが現れると、お客の表情が和み、部屋そのものも明るくなる。「ようこそ、おこしやす」。京言葉のやわらかな響きは、場の空気そのものまで、ゆったり、はんなりさせるようだ。

そんな彼女たちは、第2章や第4章でご紹介したように、日々技能を磨く高度技能専門職で、そのキャリア形成にはお客をふくむ花街のたくさんの人たちがかかわり、手間とコストをかけて育てられている。「芸事に一人前は、ないんどす」と自然に言葉にし、お座敷を忙しくつとめながら、技能を磨き続ける決意をした二〇歳すぎの若い芸妓さんたちが舞台に立つ姿を見ると、そのひたむきですがすがしい様子に、頭がさがる思いがする。

しかし、個人の努力には限界がある。いつも同じように、平常心で自分の能力を見つめチェックし続けるのは、やさしいことではない。しかも、技能をチェックし磨く義務を個人の側だけに課してしまうと、まだ花街に十分なじめず、日々のお座敷をつとめることに精一杯の新人さんたちにとって、非常に厳しい状況を作り出してしまうことになる。若い芸舞妓さんたちを見ていると「だれもが継続的にがんばれる、やる気がでる仕組みがあるからこそ、現代っ子の若い女性たちが、この伝統のある京都花街で努力を続けることができるのではないだろうか」という問題意識が生じてくる。

人間は、評価されることでやる気がでる。子どもたちが、親や先生にほめられうれしくなり、勉強やスポーツをがんばる、そんな例をあげるまでもなく、個人のやる気、モチベーションの源泉の一つが適切な評価にあることは、明らかだろう。そこで、本章では、芸舞妓さんたちの評価に焦点をあてて、芸舞妓さんたちがいかに自分たちのやる気を育てているのかを考えてみる。彼女たちの技量は、どのようにだれから評価されるのだろうか？　そして、それが彼女たちの技能の上達、人材の育成とどのように関連しているのだろうか？　芸舞妓さんたちを育てることは、花街というビジネスの競争力につながるのだから、きっとそこには、ずっと続いてきた京都花街ならではの何かがあると考えられるのだ。

「うちら、むつかしいお話は、なんにもわからしまへんのどす。そやし、舞の一つも舞えへんと、せっかく来てくれはったお客さまに喜んでもらえしまへんし、お姉さんらにも恥かかせてしまうんどす。お稽古させてもらわんと、気張らんとあかんのどす」

新年の始業式

京都の冬は底冷えがする。お正月休みで人通りが途絶え、雪がちらちらするような時季の京都花街は、寒さに縮こまっているような印象さえ抱かせる。そんな静かな花街が、一気に新春らしくなる日がある。

「おめでとうさんどす」
芸舞妓さんたちのかわす挨拶が、お正月休みでひっそりしていた花街に、いっせいに華やぎをもたらす。祇園甲部・祇園東・先斗町・宮川町では一月七日、上七軒では一月九日に、日本髪に※稲穂のかんざしを挿し、黒紋付の正装をした芸舞妓さんたちが、新年の挨拶をしながら、各花街の歌舞練場に集まってくる。真冬の透明な空気の中で、女性の美しさが一段と引き立つといわれる黒の衣装からのぞく襟足が、白くまぶしく輝いている。黒紋付は芸舞妓さんたちの第一礼装である。そんな居住まいを正した姿をして歌舞練場に来るのには当然、それなりの理由がある。

舞妓さん（左）と芸妓さん（右）の正装・黒紋付

毎年正月明け、京都の各花街では、芸舞妓さんたちが在校している学校の始業式が行われるのだ。黒紋付姿で正装した芸舞妓さんたちは、その始業式に出席するために集まってきたのである。学校のある歌舞練場に向かう路地では、花街中の芸妓さんや舞妓さんの姿が見受けられ、そうした彼女たちのあでやかな姿を撮影しようと、歌舞練場の前や花街の各所にはカメラマンたちも待ち構える。狭い花街の底冷えの石畳に、急に活気が戻ってくる瞬間だ。

この始業式では、新年にふさわしい舞や邦楽などが披露されるが、それだけが式典の目的ではない。各花街ともに始業式では、前年の売上成績のよいお茶屋、芸妓さん、舞妓さんを表彰するのである。ランキング上位の芸妓さんや舞妓さんが、金屏風を背にした壇上で表彰状をうけとる光景は、写真集などによくとりあげられているので、ご覧になった読者もいるかもしれない。

※稲穂のかんざし　舞妓さんのかんざしは、季節によってモチーフが決まっている。稲穂のかんざしは正月だけに挿す特別なもの。

成績発表——成果主義にもとづく売上ランキングの公表

この始業式の表彰は、売花奨励賞などと名づけられているが、その名のとおり、花代の本数によって、上位から順番にランキングされた結果が発表される。芸妓さんと舞妓さんの区別も、経験年数も関係なく、現役の芸舞妓さんであれば、一五歳の舞妓さんも九〇歳の芸妓さんも同列に評価の俎上《そじょう》に載せられる。つまり、現役であるかぎりは、年齢に関係なく同じ土俵で成績評価される、成果主義が徹底されているのだ。

それでは新人にとって不利になるから不公平ではないか、また、ランキングの上位には舞妓さんとか若い芸妓さんばかりが連なるので同じ条件での評価にはあまり意味がないのではないか、などと思われるかもしれないが、実はそうではない。

この成績表は、花街関連の人には流布するが、一般に広く公表されることはない。そこで、いろいろな花街の業界関係者や芸舞妓さんたちに、この評価の結果についてお話を聞かせてもらった。すると、舞妓さんや若い芸妓さんばかりがランク・インするとは限っていないという。もちろん今がかわいい盛りといった風情の舞妓さんたちが上位に名を連ねることも多いが、一方で経験を重ねた地方《じかた》さん（三味線や唄などお座敷での邦楽担当）のお姉さんが、顔をだすことも多い。

一見すると、職種や経験年数を分けないこの仕組みは、芸舞妓さんたちそれぞれにあわせて能力評価をしていない、不公平な評価方法のように見える。しかし、売上実績にもとづく評価は、芸舞妓さんたちがお座敷にどのくらい呼んでもらえたかがすぐにわかる指標であり、おもてなしのプロとしての能力をもっとも端的にあらわす数字である。なぜなら、お座敷のおもてなしをそつなく組み立てるためには、経験を経ておもてなしのノウハウをきちんと身につけている芸妓さんたちが不可欠であり、彼女たちがいるからこそ、お座敷が盛り上がり楽しめることを、お客もよく理解しているからである。あまりお座敷遊びに慣れていないお客は、舞妓さんばかりをお座敷に呼ぶことがあるが、そうすると、舞を舞ってもらおうと思っても地方さんのお姉さんが同席していないから無理、お座敷全体の切り盛りは若い子ばかりではやはりもう一つ、ということになり、結局楽しい時間を十分すごせなくなってしまうのだ。

始業式の成績発表という成果の公表から、若さやかわいさなどといった表面的なところだけで、彼女たちが評価されているわけではないことがわかる。長期にわたってランクを維持するためには、技能が十分に備わっていることが大切なのである。だからこそ、花代というシンプルでわかりやすい評価軸だけで、現役の芸舞妓さんたち全員がランキングされるのだろう。

成績のつけ方

この成績評価の基礎になる芸舞妓さんたちの花代の売上は、花街ごとにある「見番」を通じて管理されている。より具体的に説明すると、お茶屋は自分のところで頼んでお座敷に来てもらった芸舞妓さんのお花の本数（売上の結果）を見番に届け、一方、置屋も自分のところで抱えている芸舞妓さんがどこのお茶屋から依頼をうけお座敷にいったのかを見番に届けるのだ。

このお茶屋と置屋の双方から集められた花代に関する情報は、見番で年間をとおして記録、集計される。そして正月に行われる各花街の学校の始業式で、それが成績として発表されるという仕組みなのだ。

また、芸舞妓さんの花代のランキングだけでなく、お茶屋の花代の売上（お茶屋が芸舞妓さんに仕事を依頼した花代の本数≒お茶屋の売上規模）も発表される。このお茶屋の花代ランキングは、お茶屋のお母さんたちの成績表ともいえるものである。

さて、この見番をとおさずにお茶屋と置屋が直接取引するような取引方法は、花街では認められていない。必ず見番をとおすことで、取引の癒着を避け、公正を担保し、ダンピングなど価格が崩れないようにするためのシステムができている。また余談になるが、花代からは一定の割合の金額が、組合や学校の運営費などにもあてられる。したがって、その公正さは、花街というコミュニティの維持運営に欠かすことのできない大切なポイントでもあるのだ。

評価情報の分析と共有

始業式の会場の歌舞練場には、花街中の芸舞妓さんたちが勢揃いし、お茶屋のお母さんたちも出席している。だから、ここで表彰されたお茶屋や芸舞妓さんたちのことは、ランキングの順位とともに、すぐに花街の関係者に知れ渡る。各花街の中だけではなく、いっせいに同じ時期に始業式が行われるために、京都の五花街の成績情報は新年早々、営業がはじまって一日二日のうちに、花街中で共有されることになる。

しかも、昨年ランクに入っていたが、今年は入っていないというような時系列の情報もすぐに今年の情報に付加される。こうして単年度のランキングの結果が、より立体的な情報となって伝達されていく。たとえば「××ちゃん、去年はよう気張らはったんやなぁ」といった短い言葉の中に、舞妓さんや芸妓さんの業績の推移がこめられている。さらに「〇〇ちゃんは、舞妓さんになってまだ一年たってはらへんのに、もう名前があるんやなぁ」「そら、〇〇ちゃんとこは、置屋さんだけやのうてお茶屋さんも手広うやってはるさかいに、自然とぎょうさんお花がかかるようになっているし」というように、芸舞妓さんたちが所属する置屋の情報や彼女たちが懇意にするお茶屋の情報もこめられて、芸舞妓さんたちの成績に関する話は、一見単なる噂話のようだが、より深い分析を加えられて、花街の中を流れていく。そして、お茶屋の営業が本格的にはじまると、あっという間に贔屓のお客たちの耳にも届くようになる。

花代の売上本数の総合計という評価指標は非常に単純なものだが、その結果がごまかしようのないものであり、さらにそこに、芸舞妓さんたちそれぞれがもついろいろな条件をもとに、彼女たち本人がどれだけがんばったのかという詳しい分析情報が付加されていく。こうした情報が本人の耳に入らないはずはない。ランク・インしたからといって、手放しで喜ぶだけでは、自分の能力をきちんと見極めたとはいえないのだ。

ある舞妓さんは自分がランキングに入ったことを「よう売れてはったお姉さんが、辞めはったさかいに、うちが入ることができたんどす。うちが気張ったからやのうて、ほんまにたまたまなんどす。もっともっと気張らんと、ほんまは表彰してもらえへんかったんどす」と謙虚に語ってくれた。彼女はこの年の始業式で、初めて一〇位以内に入ったのだから、うれしくないはずはないだろう。一八歳や一九歳といった年齢を考えれば、手放しで喜んでも当然のはずである。しかし、この舞妓さんは自分の成績を冷静に分析することができている。よい成績をもらったことで、さらに気を引き締めてがんばろうという気もちが、彼女の話し方からは感じられた。

このように、花街内部で公開されるこの花代の売上にもとづく評価の情報は、花街内部の取引の透明性の確保だけでなく、新年にあたって芸舞妓さんたちに昨年の成果を自覚させ、新たなやる気をださせる効果もあるのだ。

座持ち

花代の売上は始業式で披露され、花街に共有される評価結果であるが、ではどのような芸舞妓さんたちがお座敷によく呼ばれて花代の本数をあげて、このよい評価をえることができるのであろうか。そのキーワードとなるのが、「座持ち」という言葉だ。

「お座敷に呼ぶんやったら、やっぱり座持ちのええ妓やなぁ、別嬪《べっぴん》だけやったらおもしろうないわ」とお客がいい、「あの妓は座持ちがええさかいに、お座敷をまかせられるわ」とお茶屋のお母さんがいう。芸舞妓さんたちはどうも、この「座持ち」の良し悪しによって、評価されているようなのだ。

もう少し具体的に見ていこう。たとえば「料理屋が自分のお座敷に芸舞妓さんたちを頼むときは、お客から特にこの芸舞妓さんという指名がなければ、日ごろ料理屋のお座敷での芸舞妓さんの様子を見ておいて、座持ちのよい妓を頼む」と、ある有名な料理屋の※女将さんが語っている。つきあいのあるお茶屋に芸舞妓さんの手配を一切まかせるのではなく、芸舞妓さんたちの座持ちの技能を評価して、自分のお店の大切なお客のおもてなしを依頼するかどうかを決めていることがここからわかる。

また、春の踊りの会が終わったあとすぐにお客がお座敷にやってくると、芸舞妓さんが出演後に衣装をかえてお座敷にでるまで間があるため「つなぎとしてベテランの仲居さんに来てもらうんやけど、やっぱり座持ちがもう一つやなぁ」と語るお茶屋のお母さんもいる。いくらベテランで機転の利く仲居さんでも、芸妓さんに求めるような座持ちは期待できないのだという。このように、座持ちはお座敷を依頼するかどうかの重要な基準になっている能力で、しかも、花街のおもてなしのプロ、芸舞妓さんでないと育成されえない能力であることがわかる。

では、この座持ちとは、どのような能力なのだろうか。また、どうしたらその能力を磨くことができるのだろうか。筆者がお座敷で実際に感じた芸舞妓さんたちの「座持ち」について紹介しながら、考えていくことにする。

※女将さんが……　村田英子『京都「菊乃井」大女将の人育て、商い育て』参照。

ある日のお座敷

お座敷の座卓の上には料理が並び、参加者が「乾杯！」の発声とともにビールのつがれたグラスに口をつけると、いよいよ宴会がはじまる。こんな風景は皆様にはきっとおなじみのことだろう。お茶屋の宴席であっても、こうした宴会の模様に特別な変わりはない。ただ異なるのは、お客は料理を食べながら、お座敷に同席している芸舞妓さんたちからお酌をうけることだ。

芸舞妓さんたちは、お客の人数にあわせて間隔よくお客の向かい側に座る。そして、お客と会話をしながら、飲むペースにあわせてお酌をしていく。お酒やビールをつぐときには、お客の目を見て、「お兄さん、どうぞ」とか、「お姉さん、どうぞ」など、緊張気味のお客にやさしく声をかけながら、ゆっくりりと優雅な手つきで、ちょうどいい頃合いに少し控え目についでゆく。芸舞妓さんと初めて会うようなお客には、自分の名前の書いてある小さな名刺のような※千社札を渡して「〇〇どす、よろしうおたのもうします。お兄さんは、どこからおこしやしたんどすか？」などと、お客が答えやすいような話題をだして話をはじめる。

またお酌をしながら、どのお客の前にあるお酒やビールが少なくなっているのかを目端《めはし》でとらえ、お酒がきれることがないように、次の飲み物の準備をする。徳利やビールのビンの底があがるようになったら、中身が少なくなった証拠だと、まず新人の芸舞妓さんは教えられるという。そして自分の前のビールや徳利だけでなく、周囲の先輩芸舞妓さんのお酌する手元を見ながら、さりげなく準備をするのが、新人さんたちの仕事なのだ。下座に座っている芸舞妓さんは、上座にいる芸舞妓さんのビールやお酒のおかわりの分も準備する。上座の芸舞妓さんが動き回らなくてよいように気をつけているのだ。

千社札

そして、宴席の進み方とお客の食べ方の様子にあわせて、食べ終わったお皿などは適宜引いていく。お茶屋の配膳の手が足りないときは、階下から料理も運び、料理をお客の前に並べていく。その間にも、ビール、お酒などの飲み物を運んできて、お酌もしながら、会話もする。周囲の人とあまり会話が進んでいないようなお客にはよく話しかけて、場から浮かないように配慮もする。

また、お客がビールのコップを口に運ぶ回数やグラスの中身の減り方を見ているのだろう、あまりお酒が飲めそうにないお客がいることがわかると、宴席の緊張がゆるみ話に花が咲くようになった頃合いを見て、「おぶ（＝お茶）でもどうどすか？ 熱いのと冷たいのと、どっちがよろしおす？」などとさりげなく尋ねる。宴会でお酒が飲めないお客は何かと肩身が狭く、どうも収まりが悪いものだ。だから大きな声で尋ねたりせずに、飲めないお客にも、楽しく飲んでいる周囲のお客にも、双方に負担にならないように配慮しながら、ソフトドリンクの注文を聞いて、そっと運んでくる。

※**千社札**　二～三センチの小振りのもので、シールになっている。お財布に貼ると「お金が舞い込む（舞妓む）」とされ、縁起物といわれている。

状況判断能力

このように、芸舞妓さんたちはお客との会話にお酌、食事の世話などを、お引きずりの着物の裾を衣擦れの音も心地よくやわらかにさばき、優雅な立ち居振る舞いでテキパキとこなす。また、舞妓さんは、立ち歩くときには、だらりの帯がばたつかないように片手を帯の下のほうに軽く添える配慮も忘れない。お人形さんのように見える舞妓さんだが、常に相手への配慮を欠かすことなく、自分が動くことに労を惜しまない。

単に料理を並べる、お酌をするのが彼女たちの仕事ではなく、それはできてあたりまえのことである。お座敷全体の場の雰囲気をお客にとって楽しいものにすることが、芸舞妓さんたちの重要な役割として求められているのだ。お酒が苦手なお客の目星をつけて、周囲にも本人にも負担にならないよう、より適した飲み物を提供する、そんな芸舞妓さんたちの行動から、お座敷でお客が何を求めているかを汲みとり、それをいかに相手が喜ぶようにうまく提供するかということを考えて行動していることがわかる。さらに一人ひとりが決められた所作をするだけでなく、新人の舞妓さんがビールをとりに行ってお姉さんにそっと手渡すといったように、連携プレーをその場に応じてすることで、お座敷の「おもてなし」そのものを少しでもよりよいものにしようと努力をしていることもわかる。

お座敷の場で芸舞妓さんたちは、お茶屋のお母さんの指示を逐一うけて動くわけではない。多くの場合、お座敷に一緒にいる芸舞妓さんたちだけの判断で場を進めていく。事前に細かな打ち合わせがあるわけではなく、お座敷では、その場に行ってみるまで、どの芸舞妓さんと一緒になるかわからないことも多い。また、お座敷の多くは接待の場だから、なじみのお客が新しいお客を連れてくるので、芸舞妓さんたちがお客全員の顔を知っていることもまれである。

そんな中で、お座敷の状況をつかみ、それに応じて判断して自分のすべきことを組み立てていく。芸舞妓さん同士の目配せやちょっとしたしぐさで、だれが何をどうするのかといった手順が伝達され、お酒や料理が運ばれる。お客が飲食を楽しんでいる一方で、幹事さんには、料理が一段落したときにどんな舞を披露するのかの簡単な打ち合わせが、そっと耳打ちされる。舞をしたあとで、どんなお座敷遊びのゲームをするのかを、お客の希望をいれつつ、人数やお座敷の広さなどの条件を考慮してその場で決めるのだ。こうした芸舞妓さんたちの細やかな心配りと優雅な立ち居振る舞い、そして芸事の技能が、お座敷では重層的に織り込まれ、「おもてなし」として見事なハーモニーを醸し出している。

さらに、ある程度の経験を積んだ芸舞妓さんたちは、お座敷の開催の目的、参加者の様子、宴会場の広さや人数、※料理の内容など、おもてなしを構成する諸条件を考慮したうえに、自分の能力と同席する芸舞妓さんたちの能力も勘案して、お客との会話やお酌、そして芸事といった具体的なサービスを提供している。経験を二、三年も積めば、新人さんが一緒のときには、その新人さんの振る舞いをチェックしながら、アドバイスをあたえつつお座敷の進行を仕切っていく技量も求められる。このように、その場の雰囲気をすぐにつかみ、それにあわせて動くことができるという「状況判断能力」こそが「座持ち」の基本なのである。

※**料理の内容**　会席料理なら、料理の順番に応じて伝統技芸を披露する、お遊びと呼ばれる余興をするというルールがある。

座持ちの育成

あるお母さんによると、この「座持ち」の力が、芸舞妓さんでは短期間のうちに育っていくという。「新人の舞妓はんが、一日に三つのお座敷を一年間つとめさせてもらえば、年間で約一〇〇〇回、毎回それぞれに異なるお座敷の場で経験を積むことができるんどす。そやから、場を見て立ち居振る舞う力は、一年間でかなり伸びるもんどす」と話してくれた。

一方、料理屋のベテランの仲居さんの場合はどうだろうか。料理屋での仕事経験は一日一組から二組のお客を相手にすることに限られ、一〇〇〇回のお座敷の経験を積もうと思えば、芸舞妓さんの二〜三倍の年数がかかる。しかもたいていは、決まった料理屋での経験であるから、芸舞妓さんのようにお茶屋のお座敷、料理屋のお座敷、ホテルの宴会場といった多様な場の経験と比べると、その差は明白である。芸舞妓さんはさまざまなシチュエーションのお座敷を短期間に数多くこなすという仕事経験の質と量の豊富さによって、「座持ち」を培っていくのである。

図表6−1　座持ち（市場での価値）の構成要素

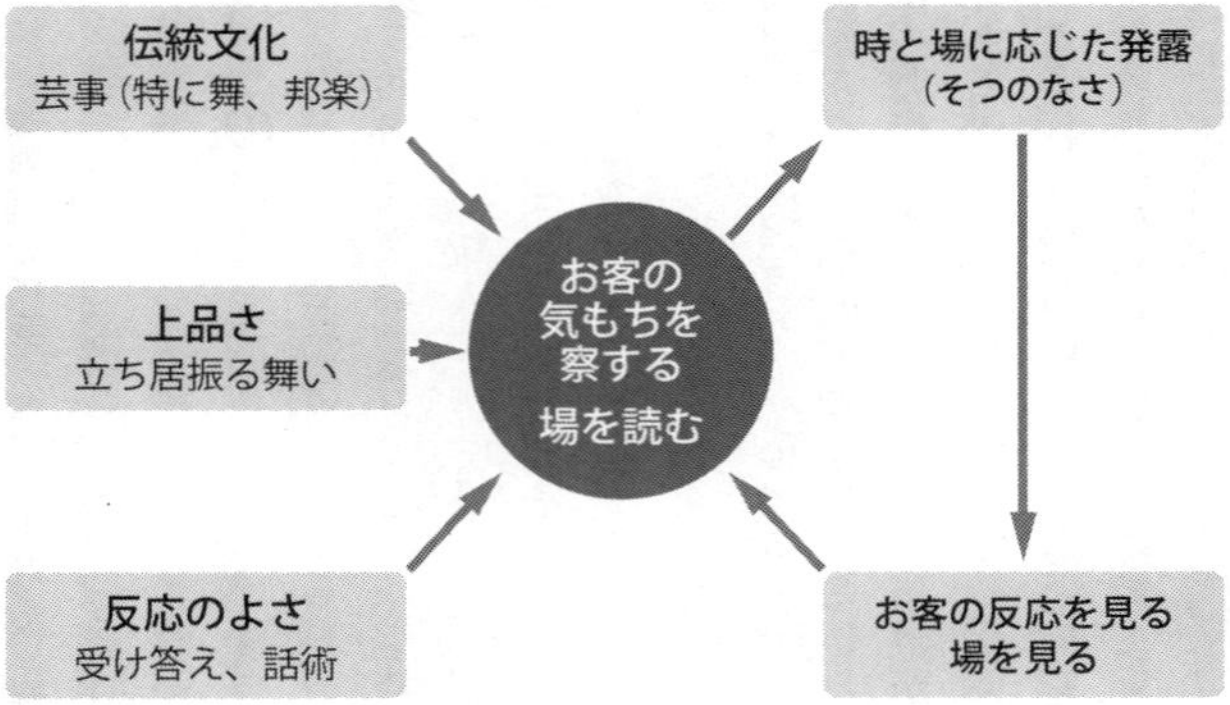

このように、お座敷という場で、お客の顔色や場の雰囲気を読み、適切なサービス（とっさの会話、さりげない気遣い、場にあわせた芸事の技能の発露など、そしてこれらの組み合わせ）でその場を和ませ、人と人との間をとりもち、おもてなしの場を洗練させていく能力が「座持ち」と呼ばれるものである。

お座敷の広さや同席する芸舞妓さんの人数にあわせて舞をさっと演じるといった、基本的な技能をおもてなしの場に応じて発揮することができる※即興性は芸舞妓さんにとって大切な技能である。それと同時に多様な場でさまざまなお客をもてなすことによって育成される「座持ち」が芸舞妓さんの評価の基準として存在し、その能力がお座敷に頼むかどうかの重要な指標となっているのだ。

そして、この座持ちという能力が、京都花街では、芸舞妓さんたちの市場での価値をはかる指標として、お客をふくむ花街にかかわりの深いメンバーで共有されている。だからこそ、お客が「座持ちのええ妓がいい」と芸舞妓さんの評価をし、「やっぱり、お姉さんの芸妓はんに来てもらうと、お座敷がおもしろいなぁ」と座持ちの能力の育成の度合いをチェックするのである。

この座持ちという芸舞妓さんの市場での価値をはかる指標について、その能力がどういった基礎能力から構成され、お座敷でどのように発露されるのかの過程をまとめたのが、図表6－1である。

※**即興性**　この即興性の技能も芸舞妓さんは非常に高い。たとえば出張の仕事依頼の場合、どこのお茶屋のお母さんからの依頼で、だれと一緒にどの地方へ行くか、といった程度しか知らされていない。出張先に到着して、同行する芸舞妓さんと慣れない舞台のしつらえを見て、そこでどのように舞うのかを簡単な打ち合わせだけで決めることができる。

舞妓さんらしさ

芸舞妓さんたちにとって、「座持ち」が重要な評価の基準であるが、舞妓さんには、舞妓さんらしいかどうかという評価基準がある。あるべき舞妓さんらしさといった、花街のみんなは知っているが文章化はされていないルールがあるのだ。

たとえば、舞妓さんらしいお化粧というものがある。見世出しや衿替え、踊りの会など特別な日に芸舞妓さんにお化粧をするプロ、化粧師さんによれば、舞妓さんの化粧は目元や口元を、くっきり、はっきりと強調せずに、「ぽーっとした、おぼこい≒幼い」イメージを作り出すようにするものだという。一〇代の少女がもつ幼いあどけない感じ、大人の女性とはちがう愛らしさを引き出すような化粧こそが舞妓さんらしさにかなっているのだ。

しかし、最近の舞妓さんたちの中には、舞妓さんになる前にお化粧をした経験のある子もあり、おしろいを塗ったうえ目元にマスカラをたっぷり使ったり、アイライナーをばっちりひいたりしている舞妓さんも見かける。これは、化粧師さんの目から見れば、長年花街で伝えられてきた舞妓さんらしさに反する化粧方法だというのである。

そして、こうした舞妓さんらしいお化粧の方法をきちんと指導しきれていない置屋のお母さんがいるとも話してくれた。もちろん厳しく※お化粧方法の指導をしているお母さんが多い。しかし、最終的には、お化粧をする舞妓さん本人の自覚にまかされるので、きちんとしたお化粧の方法を舞妓さんたちに教えていかないと、京都の舞妓さんらしさが保てないのではないかと心配していた。

ある老舗料理屋の経営者は、舞妓さんはかわいい雰囲気がよく、別嬪でもあまりケバケバしい化粧の舞妓さんは舞妓さんらしくないと語っていた。また、別の関連事業の経営者も、芸妓さんには芸妓さんの、舞妓さんには舞妓さんのそれらしいあるべきものがあると話してくれた。このように、舞妓さんらしさにそぐわないことについては、花街にかかわる多くの人は、アンテナが鋭敏に働くようである。一般の人たちには、その差の判別がつかないほどのことだが、舞妓さんの重要な評価指標の一つなのだ。長年守り育ててきた舞妓さんらしさを維持することが、花街にとって大切なことであるという感覚があるのだ。

※**お化粧方法の指導**　親しい芸舞妓さんにお化粧のことを聞いてみたが、勝手にマスカラやアイライナーを使うと、きつくお母さんから叱られるとのこと。マスカラやアイライナーの使用はお母さんの許可がいるということだった。

「ええべべ」を着せる

花街にかかわる人たちに共有されているあるべき舞妓さんらしさには、もう一つ重要な指標がある。それは、京都ならではの着物に関することだ。舞妓さんらしい「※ええべべ」を着せてもらえるかどうかは、舞妓さんにとっては、自分の評価とやる気につながる大切なポイントなのだ。

花街にやってきた当初は、着物を着せてもらえるだけでうれしかったと話す芸舞妓さんたちは多い。着物が着たいから芸舞妓さんになりたいと思ったと話す彼女たちは、その年齢から判断すれば、呉服についての知識はほとんどなく、着物の良し悪しなどを判断できる目もない。しかし、花街で暮らし着物姿の人を四六時中見るようになると、自然と着物についての知識も増え、見る目ができてくるようになる。他の舞妓さんが「※さらの衣装」を身につけているのをめざとく見つけ、その着物がどの程度のものか何となくわかりだすのには、そう時間はかからない。そして、着物について自分なりの目ができると、「ええべべ」を着せてもらいたいと思うのは、女性ならごく自然のことである。

ところが、舞妓さんの着物や帯に、「あれっ」と思うことがあると、複数の花街関係者からうかがったのだ。もちろん、振袖にだらりの帯という舞妓さんらしい装束のルールはきちんと守られている。しかし、身につけている着物や帯が、目の肥えた花街の関係者から見ると、舞妓さんにふさわしい品質のものではないことがあるというのだ。そして、置屋にあまりよい衣装を用意してもらえない舞妓さんは、いくら座持ちがよくても、京都の地場産業、糸偏《いとへん》と総称される繊維関連事業者が集まる宴席には、お客の指名がないかぎりは呼んでもらえないという。つまり、本人の技量だけでなく、お茶屋のお母さんやお客から「舞妓はんなら、それなりのふうはしてもらわんと」とチェックされ、お座敷に呼ばれなくなってしまうのだ。

こうしたことが起きてしまう背景には、置屋側のそれなりの事情がある。舞妓さんの衣装には、その季節にあわせて何を着るのか明確なルールがあり、一年間の衣装一式をそろえようと思えば、数千万円にはなるという。しかも、舞妓さんの衣装は、美しさを競う一方で、ワークウェアでもあり、シミがついたり、破れたりといったことがあるから、一度作ったからといって、ずっと同じものを長期間にわたって使えるわけではない。だから、立ち居振る舞いが不慣れな新人さんたちには、「さらの衣装」はあまり着せられないと、ある置屋のお母さんは話していた。

また、せっかく時間とコストをかけて育ててきた舞妓さんが、デビュー後にすぐに辞めると、支度した高額な着物や帯はまったくむだになり、置屋は、その舞妓さんのために投資した高額の衣装代を回収することができない。しかも、舞妓さんは一人ずつじっくり育てていくから、次の舞妓さんを育てるまでの期間、一～二年は、準備した衣装は何の価値も生み出さない。そして、何度も舞妓さんが年季途中で辞めることが続くと、置屋にとっては経営的に大きな痛手であり、衣装への新規投資が難しくなることもあるのだ。

よい衣装を身につけさせてもらうことは、舞妓さんたちのモチベーションのアップにつながるが、一方で「ええべべ」を着せてもらえない舞妓さんもいる。その様子を見て、気の毒だと思うけれど、そんな境遇にめげず、早く置屋から独立して自前さん芸妓さんになって、自分で稼いでよい衣装を作ろうと思って気張ってほしいと話すお茶屋のお母さんもいる。実際に、その中でも、くさらず芸事を磨き、座持ちをよくするように努力して、お茶屋やお客から高い評価をえている舞妓さんもいるという。境遇に同情をし、陰で応援をする人たちもいるのだが、やはり本人の努力が一番に求められる。厳しい評価をバネにしていかに努力するかを、周囲はずっと見続けている面が花街にはある。若い舞妓さんたちにとっては、非常に酷な話だと思われるが、一方で、芸妓さんになったあとのプロとしての厳しさを知っているお茶屋のお母さんからすると、ほめられないが、仕方がないと思われるのかもしれない。

※ええべべ　京言葉で「ええ＝よい」「べべ＝着物」という意味。
※さら　京言葉で「新品」のこと。

「らしさ」の維持

舞妓さんが舞妓さんらしくあること、芸妓さんが芸妓さんらしくあること、これは京都花街にとって、他にはない特徴を維持する大切なポイントだ。特に舞妓さんは京都観光の目玉、そのブランドイメージの維持に欠くことのできない存在だから、「舞妓さんらしさ」は、何があっても維持されるべきものであると考えられている。単に若くてかわいらしいだけではなく、舞妓さんらしい衣装を身につけ、舞をきちんと披露できることと、お座敷での立ち居振る舞いなどお行儀がしつけられていることは、その「らしさ」に不可欠なことだ。

一方「芸妓さん」は、大人の女性としての優雅な美しさを磨くとともに、芸事のプロフェッショナルとして、舞妓さん時代とは異なる厳しさで芸に精進することが求められる。自前さん芸妓さんになれば、営業成績を気にかけ予算を勘案しながら、自分の美しさがより引き立つ衣装を作る投資も必要だ。芸妓さんらしさは、芸と美、その両方を磨くことで成り立っているのだ。

芸舞妓さんたちは、お客をふくめた花街共同体の視線を十分に意識して、舞妓さんは舞妓さんなりの、芸妓さんは芸妓さんなりの「らしさ」を大切にしている。たとえば、その経験年数にあった衿のあわせ方、着物の着方、帯の結び方などがあり、それを逸脱するようなことをすると、先輩の芸舞妓さんからチェックをうけるという。

芸舞妓さんたちが大事にしている「らしさ」は、一見すると各自の個性を伸ばすことに反するように見える。髪のときつけ、かんざしの挿し方、季節にあわせた着物と帯の組み合わせ、さらに座ったときや立ったときの裾の柄の見え方への気配りなど、お座敷の芸妓さんたちの様子を見ていると、そこには言葉にすることができない、「らしさ」にもとづく美意識が共有されていることがわかる。しかしその美意識の中で、各自が自分なりの特徴をふまえた美しさを競っているからこそ、独特の尺度で評価しにくい京都花街の芸舞妓さんらしい美しさが成り立つのではないだろうか。

おきばりやす

お座敷の場で伝統技芸を披露し、座持ちを発揮するおもてなしのプロとして芸舞妓さんたちを継続的に育てていくためには、この「らしさ」を形としてうけ継ぎ守るだけでなく、芸舞妓さん本人が努力することを促す仕組みがいる。だからこそ、芸舞妓さんたちは、複数の指標で多様なメンバーから常に評価される（図表6-2）。三六〇度評価と、その結果を反映する成果主義があることは厳しい面をもつが、一方で、芸舞妓さんたちに、その結果を受け止め、努力する自覚をもつことを促している側面もある。芸舞妓さんのそんな気もちを促す言葉がある。それが、「おきばりやす」だ。

「おきばりやす」は花街でよく聞く京言葉、一見何の変哲もないシンプルな言葉だ。たとえば、舞妓さんがお茶屋のお母さんに挨拶をしたときに、お茶屋のお母さんがかける言葉の一つである。目上の人間が目下の立場の人に用いることが多いが、単純に意味をとれば、「がんばれ」という一言だ。

しかし、ここには、深い意味がこめられていると筆者は思う。単にがんばれ、努力せよというのではなく「みんないつもあんたの様子は見てはるさかいに、気張りや。手を抜か

図表６－２　芸舞妓の技能とその形成にかかわる関係者の役割

<table>
<tr><th colspan="2" rowspan="3"></th><th colspan="3">広義の技能</th></tr>
<tr><th colspan="2">狭義の技能</th><th></th></tr>
<tr><th>基本的技能</th><th>即興性</th><th>規範</th></tr>
<tr><th colspan="2">関係者</th><td>日本舞踊、三味線、鳴物、笛、唄（長唄・常磐津・地唄・小唄・端唄）、茶道</td><td>場に応じた基本的技能の披露、臨機応変の客あしらい、雰囲気を見る</td><td>立ち居振る舞い、京言葉、お化粧、頭髪、着物、花街の習慣、行儀作法</td></tr>
<tr><th colspan="2">お客様</th><td colspan="3">評価</td></tr>
<tr><th colspan="2">お客様（贔屓）</th><td colspan="3">評価・育成</td></tr>
<tr><th rowspan="6">擬似家族</th><th>お母さん（お茶屋）</th><td>評価・育成</td><td>評価・援助・育成</td><td>手本・評価・援助・育成</td></tr>
<tr><th>お母さん（見習い茶屋）</th><td>評価・育成責任</td><td>評価・援助・育成責任（やや重い）</td><td>手本・評価・管理・援助・育成責任（やや重い）</td></tr>
<tr><th>お母さん（置屋）</th><td>評価・育成責任（やや重い）</td><td>援助・育成責任</td><td>手本・評価・管理・育成責任（重い）</td></tr>
<tr><th>お姉さん（盃）</th><td>手本・育成責任（重い）</td><td>手本・援助・育成責任（重い）</td><td>手本・評価・管理・援助・育成責任（重い）</td></tr>
<tr><th>お姉さん</th><td colspan="2">手本・援助・育成・競争</td><td>手本・評価・援助・育成</td></tr>
<tr><th>同輩</th><td colspan="3">手本・援助・競争</td></tr>
<tr><th colspan="2">学校（師匠）</th><td>基礎教育責任（形の指導）</td><td>経験がないため指導できない</td><td>手本、評価、育成※</td></tr>
</table>

※ 学校の稽古では行儀作法、京言葉、花街の序列にもとづく立ち居振る舞い等の規範が必要となるので、基礎的技能の習得中に、規範も育成される。

んと、いつも気張らんとあかんのえ。もちろん、うちもよう見てるさかいに。それにうちも、気張ってきたし、これからも気張らしてもらうさかいになぁ」、そんな意味がこめられているように感じる。

そして、その言葉に「おおきに」と芸舞妓さんたちは答える。もちろん、「ありがとう」という意味だが、そこにはやはり言外にこめられたニュアンスがある。「いつも気にしてもろうて、ほんまにありがたいことどす。気張らしてもらいますさかいに、どうぞ、これからも見てておくりゃす。何か鈍なことがあったら、どうぞ聞かしておくりゃす。どうぞ、これからも、よろしうおたのもうします」と、相手が自分を見てくれている視線を意識したうえで、言葉が返されるのだ。

京都花街の三六〇度評価と厳しい成果主義は、こうした相手のことを深く思いやる気もち「情」と、洗練されたコミュニケーションの力「気配り」があってこそ、育成する側と育成される側双方に自覚され、生きたものになるのだろう。

ミッキーとキティと舞妓はん

お茶屋の提灯に灯が入るころ、四条付近の路地でカメラ片手の海外の観光客の姿を見かけることが多くなった。舞妓さんを一目見たい、その姿を写真に撮りたいと、彼女たちが通りかかるのを期待して待っているのだ。舞妓さんはまさに京都のイメージ・キャラクター、その存在を「ミッキーマウス」にたとえる人もいるほどだ（相原恭子『京都花街もてなしの技術』を参照）。

ミッキーと舞妓さんの共通点は、単に「かわいい」というだけでなく、顧客のニーズにあわせて微妙に変化していることだ。ミッキーは一九二八年に誕生して以来、ディズニーの看板として、より愛されるようにその性格や姿形などがかわってきたことは有名な話だ。一方、舞妓さんは、装束は一〇〇年以上変化がないが、お座敷で黙って座っている存在からお客さまときちんと会話できることが求められるようになり、最近では海外のお客さまにも対応できるように、英会話の勉強を支援する花街もある。このようにかわらないように見えてかわっているからこそ、ミッキーも舞妓さんも、年齢や性別、国籍を問わずいつでもどこでも認知度の高いキャラであり続けるのだろう。

さて、「かわいい」キャラといえば、日本生まれでグローバルに展開している

「キティちゃん」を忘れてはいけないだろう。一九七四年の誕生以来、世界六〇カ国以上で販売されているキティも、現在デザイナーは三代目、やはり時代の空気を反映しながら微妙に変化しているのだ。このキティには、ミッキーとは違う大きな特色がある。それが、観光地でよく目にする「ご当地キティ」だ。筆者は舞妓さん姿のキティの携帯ストラップをもっているが、こうした変幻自在なキティは、日本の観光地ではおなじみだろう。ミッキーはディズニーランドに行かないと会えないことに価値があるが、キティはどこにでも馴染みながらかわいい存在であることに価値があるのだ。

実は舞妓さんというキャラは、ミッキーとキティの両方の特徴をもっている。つまり、舞妓さんは、京都に行ったらぜひ会ってみたいと観光客が期待する、ミッキーのような地域限定的特性をもちながら、東京でもフランスでもアメリカでも、顧客の要望があればどこへでも出張する、キティのような地域を越えたキャラでもある。地域限定であることに価値があり、一方で地域に縛られないことにも価値があるという、一見すると相反する価値が成り立つのは、京都花街が単なる文化遺産ではなく、京都という地域の伝統文化と、顧客をもてなすというエンターテインメント性を大切にして、産業として市場で地位を築いてきたからだ。その京都花街のイメージに裏づけられて、私たちは「舞妓はん」を見ているのだ。

しかも、長い時間をかけて京都花街が作り上げてきた「舞妓はん」というイメージを、現代のなり手である少女たちが継承し、「舞妓はん」らしく振る舞うことを自覚し、さらに顧客満足を得るために自分がより「舞妓はん」らしくあることを競い合っている。お姉さんやお母さんを信じ、言葉や立ち居振る舞いを必死に覚える、厳しいお稽古に励み寝る間も惜しむ、そんな彼女たちのひたむきな努力があるからこそ、「舞妓はん」はまさに生きたキャラとして成り立っているのだ。

第7章

女紅場

——働きながら学ぶ仕組み

第6章でとりあげた芸舞妓さんに求められる能力、「座持ち」がよい芸舞妓さんたちには、もちろん、芸事ができるという技能的なベースがある。お座敷には伝統文化に造詣の深いお客たちもやってくるから、先輩芸舞妓さんやお母さんたちだけでなく、お客からも芸に関する厳しい視線を浴びながら、日々すごすことになる。

一八歳くらいの中堅の舞妓さんになると「舞妓さんやから、舞が舞えてあたりまえやし、それくらいできひんと」と、芸事の能力を伸ばすことへの自覚に裏打ちされた言葉が、自然とでてくるようになる。起きているときはひたすら精進する、芸舞妓さんたちにはそんな求道《ぐどう》的な姿勢も求められる。

とはいうものの、若い女の子たちに精進する気もちがあったとして、そんな姿勢が長続きするのだろうか？　彼女たちがうまく学べる工夫が、なにかあるのではないだろうか？

実は、京都花街には、芸舞妓さんたちが芸事を学ぶための重要な仕組みがある。それが、本章でとりあげる芸舞妓さんたちのための学校、「※女紅場《にょこうば》」である。

新人の芸舞妓さんの一日は、学校に行くことからはじまる。彼女たちは、朝一〇時ごろから各花街にある学校に通う。学校でのお稽古は、ときには二時ごろまで続くこともある。いったん帰宅して、自由時間をすごせるときもあるが、お姉さんやお母さんの用足しのためにお使いにでかけることもあるし、個人的に伝統技芸の教授をうける別稽古があるときもある。そして、午後四時ごろからはお座敷にでるために白塗りのお化粧をして、男衆さんに着付けをしてもらう。午後六時にはお座敷にでて、二つか三つのお座敷を回って、置屋に帰宅すると日付が変わっていることも多い。それからお化粧を落とし着替えて眠りにつくころには、夜中の二時か三時になることもざらである。だから、朝八時ごろに起きて、身支度を整えて、学校にお稽古に行く日々は、そう楽な毎日ではない。

舞妓さんになるためには器量よりもまず体力、健康であることが第一条件だといわれている。これは、まさに彼女たちがお座敷をつとめるだけでなく、お座敷以外の見えない場でも、学校・お稽古という忙しい日常生活を送っていることを考慮した言葉だろう。

「うち、朝起きるのが、苦手どすねん。ないしょやけど、めざまし三つほどつけて寝てるんどすえ。そやけど、なかなか起きられへんことがようあって。お姉さんが、あきれながら、起こしてくれはったりするんどす」

※**女紅場**　女紅場と書いて「にょこうば」と読む。花街では「にょこば」と、「う」をほとんど聞きとれない程度に発音する。

女紅場

京都の五花街には、どの花街にも芸舞妓さんたちのための公的な技能育成の場がある。その中で名前に学校とわかる名称がついているのは、祇園甲部の「八坂女紅場《やさかにょこうば》学園《がくえん》」、先斗町の「鴨川学園」、宮川町の「東山女子学園」の三つ。このうち、「八坂女紅場学園」と「東山女子学園」は、学校法人である。上七軒では歌舞練場にある見番に師匠を呼んで稽古し、祇園東ではお稽古場を設けて、師匠を呼び稽古している。

東山女子学園

芸舞妓さんの学校、女紅場の歴史は、明治五（一八七二）年までさかのぼることができる。この年、「※芸娼妓解放令」がだされたことによって芸妓さんを廃業する女性たちがたくさんでたが、その女性たちが花街の外にでても生活に困らないよう、裁縫・機織り・※製茶などを教える職業訓練の目的で、各花街に「婦女職工引立会社」の設立が義務づけられた。これが「女紅場」のはじまりである。当時「女紅場」は、芸舞妓さんだけでなく花街に暮らす女性たち一般の教育も担っていた。

現在の花街にある芸舞妓さんたちの通う学校の名称には、祇園甲部以外には「女紅場」という言葉が用いられていない。しかしこうした歴史的な経緯もあって、京都で女紅場といえば、芸舞妓さんが通う学校の一般名称ともなっているのだ。

さて、芸舞妓さんたちは、新人時代だけでなく、現役であるかぎりずっとこの女紅場に在学することになっている。つまり、彼女たちはお座敷の場に立つプロであると同時に、この女紅場の生徒という身分なのだ。現役の芸舞妓さんであるかぎりは、女紅場で学ぶことが義務づけられ、いったん入学すると、芸舞妓さんを廃業するか、現役なら死ぬまでは卒業がない。芸舞妓さん＝学校の生徒、というシステムとなっている。

※**芸娼妓解放令**　明治五（一八七二）年に発令された、芸妓・娼妓の解放を目的とした法律。対外的な体裁を保つために発令された面が強く、実効性は乏しかったといわれているが、それでも芸妓さんを廃業するケースも多かった。

※**製茶**　製茶を女紅場で教えていたことの名残が、今でも花街で使われる言葉に残っている。それは「お茶を挽く」という言葉で、お花がかからない（お座敷に呼ばれない）芸舞妓さんが置屋で待機していることをあらわす用語である。

開講科目

女紅場では、芸舞妓さんたちの基本技能の日本舞踊、お座敷芸で披露される長唄・小唄・常磐津といった邦楽の唄、三味線・鉦《かね》・太鼓・鼓・笛などの邦楽器の演奏が教えられている。さらに、立ち居振る舞いの訓練にもなる「茶道」は必須科目だ。

また、華道や書道、絵画など、芸舞妓さんとして知識をもっていることが望ましい伝統文化に関する一般教養的な科目が教授されている花街もある。こうした教養科目は直接お座敷で披露するために開講されているわけではなく、芸舞妓さんたちの美的センスや教養を養い、お座敷でお客の趣味や教養に応じた受け答えをする一助となるために準備されている。

このように学校で開講される科目は決まっているが、カリキュラムのような正確な時間割は決まっていない。お師匠さんの都合にあわせて、月ごとに※お稽古のある日と時間が決まり、芸舞妓さんはそれにあわせて女紅場に通うことになる。

開講されている各科目の先生は「お師匠さん」と呼ばれる。このお師匠さんたちは、各伝統技芸の家元や名取などであるが、お座敷の現場経験が特に必要な科目では、芸舞妓さん経験者が先生になっている場合もある。女紅場では専門技能のプロ中のプロのお師匠さんから、芸舞妓さんたちがその技能のレベルにあわせて教育されている。

ちなみに、花街を散策すると、授業科目とお師匠さんの名前、そしてその科目が開講される日が書かれた掲示板を見つけることができる。街角に授業の開講予定が掲示されるほど、女紅場は、京都花街には欠かすことができない存在となっている。

また、春や秋に花街の芸舞妓さんが総出で出演する踊りの会のためのお稽古も、学校で行われている。

※**お稽古**　学校で学習することは、「お稽古」と呼ばれる。また、各自が学校以外で技能的な学習をすることは、お師匠さんにつく場合は「個人稽古」、置屋でお母さんやお姉さんとする場合は「家でお稽古・お姉さんとお稽古」、置屋で一人で稽古するときは「一人でお稽古」と呼ばれる。これらすべてを総称して単にお稽古と呼ぶこともある。平均すると、舞妓さんたちは週に三〜四日は女紅場に通学し、専門技能について指導をうけている。

ライバルを、先輩を、後輩を見る

現役の芸舞妓さん＝学校の生徒であるため、学校では、レベルや経験年数の異なる芸舞妓さんたちが同時に学ぶ。これは、若年者にとっては、技能を磨くための機会が質的に充実することを意味する。

ここでポイントになるのは、女紅場ではお師匠さんが、技能的に経験の浅い舞妓さんから超ベテランの芸妓さんまでを、同じ場で教育することである。そして、大切なことは、朝一番、一〇時ごろにお稽古にやってきた新人さんたちは、すぐにお稽古をつけてもらえるわけではないということだ。彼女たちは自分のお稽古の番がくるまでずっと、先輩たちがお稽古する様子を見ているのである。

少し詳しく説明しよう。新人さんは朝早くから女紅場に行って、お稽古の準備をする。座布団を並べたりお師匠さんのお茶を準備したりしたあと、お稽古場で先輩のお稽古をじっと見ている。学校に来た順番でお師匠さんからお稽古をつけてもらうのではなく、先輩が学校に来たら、その先輩から先にお稽古をつけてもらうのだ。新人の芸舞妓さんたちは、その間じっと座って、先輩のお稽古の様子を見る。このように他の人のお稽古を見ることも、大事なお稽古だといわれる。日本舞踊なら、先輩の手や足の動き一つひとつ、お師匠さんがどう振りを付けるのかも、すべてが勉強なのである。自分がどうお稽古をつけてもらうかだけではなく、先輩がどのようなお稽古（どういう曲）をどう振り付けされているのか、またどこをどのようにお師匠さんから教えてもらっているのか、そのすべてが、自分の芸の上達になるというのだ。

日本の伝統芸能には「型」と呼ばれる基本動作があるが、女紅場ではそれを「見て学ぶ」ことが重視されている。いわゆる古典芸能の伝統的な教育方法が、ここではとられているのだ。

花街の学校のメリット

では、芸舞妓さんたちが学校で学ぶことのメリットとは何だろうか。大きく分けると、次の四つの点をあげることができる。

「型」の統一による美しさ

芸舞妓さんたち全員が日本舞踊、邦楽などの伝統芸能を同じ流派の専門家から習うことにより基礎が徹底され、同じ型を花街の芸舞妓さん全員に共有させることができる。芸舞妓さん全員が同じ流派の技能を習得することで、事前に詳細な打ち合わせがなくても、同じ花街の芸舞妓さんであればお座敷の場でのごく簡単な打ち合わせだけで、「型」がそろった美しい技能の発露ができ、集団としての芸の質の向上にもつながっている。

即興性の高い技能の発露

全員が学校でお互いの技能レベルや性格を知ることができるので、お座敷での協調がしやすくなる。そのため、お座敷の広さや同席する人数を考慮し、さらにお客の要望に配慮して、現場にあわせたより即興性の高い対応ができる。具体例をあげると、舞を披露するとき、お座敷の大きさにあわせて、だれがどの振りをするのか（一人が立ち、もう一人が座ってなど）を、すぐに決めて舞うことができる。

モチベーションのアップ

花街に所属する芸舞妓さん全員が集まるので、お互いの技能レベルがよくわかる。そのために、目標となる人やライバルとなる人を見つけやすく、切磋琢磨を促すことになる。また、自己の技能の向上に積極的にとり組む芸舞妓さんにとっては、より経験の深い人の様子を見ることができ、積極的に技能を盗むこともできる場となる。さらに、新人芸舞妓さんたちにとっては、学校は同じ時期にデビューした複数の同期と会える機会である。同期のネットワークの形成ができ、同期同士で技能を競うとともに、慣れない花街について情報共有をしてお互いに励ましあう場にもなっている。

費用と機会のメリット

学校では、多人数が一度に学ぶことができるので、家元など専門家から指導をうけても、一人あたりの費用を個人稽古よりは安くすませることができる。そのため、置屋の規模や経営の状態に左右されることなく、新人のときなどあまり売上が見込めない段階から、継続的に技能育成の場をえることができる。

また、必修の科目以外にも、複数の専門科目を学ぶことができる。多人数が学校に集まるメリットを活かして、複数の開講科目を用意し、その中から選択的に学ぶことができるのだ。その結果、個人の興味にあわせて技能科目を選択したり、技能科目以外に用意されている教養科目も選択したりすることができる。こうしたバラエティある開講科目を準備することで、芸舞妓さんたちの多面的な素養を伸ばす機会を充実させているのである。

学びのサイクル

このように、若年層の技能を一定レベルまで短期間に向上させるためには、学校という場で、多人数が継続的に会して技能を育成するシステムは、非常に有効な教育方法となっている。しかしこの女紅場の役割は、設立当初からこのように意図されたものではない。

女紅場の歴史を見ると、学校という枠組みはそのままで、教える内容が花街のニーズにそって変化していったことがわかる。ここで、花街で芸舞妓さんたちがどのように修業していたのかを、時代とともに整理してみよう。

江戸時代には、ごく幼い時期（五、六歳）から置屋に住み込み、芸舞妓さんになる修業をしていた。そして明治時代になると、小学校を終えた一〇歳前後に置屋に住み込むようになった。さらに、戦後、現行の義務教育制度が確立したあとは、中学校を終えてから置屋にくることになり、今では一五歳より若い段階で修業をするということはなくなっている。つまり、芸舞妓さんになるための教育期間そのものは、減少する一方だったのだ。この置屋での教育期間の時間的な補塡《ほてん》となったのが、女紅場での教育であったと考えられる。女紅場は、設立当初は芸舞妓さんたちの退職後の職業訓練校という位置づけであったのが、置屋に住み込みはじめる年齢があがり修業期間が減少するとともに、芸舞妓さんの技能育成の場へと変化していき、技能育成の期間が短くなった現在では、京都花街において基礎教育を担う場として欠くことのできない教育の仕組みとなっているのだ。

もちろん、置屋やお座敷での学びも、芸舞妓さん育成のためには絶対に必要である。置屋に住み込むことにより、言葉や立ち居振る舞いなどを短期間に育成することができる。また置屋のお母さんやお姉さんがお稽古をつけたり、あるいは個人稽古としてお師匠さんを招聘《しょうへい》したりすることによって、個人の進捗にあわせてきめ細かく教育することは、欠かすことはできないものだ。江戸時代から行われていた置屋での教育と同時に、たくさんの生徒たちにいっせいに教授する方式を併用することで、中学卒業後、花街にやってきた少女たちを短期間でプロに育成できる仕組みができあがっていることがわかる。

女紅場は「Off - JT（Off - the - Job - Training）」の場として機能している。芸舞妓さんたちは、お座敷という「OJT（On - the - Job - Training）」の場と、女紅場という「Off - JT」の場、二つの教育の場で学び、しかも両方の場の特性を理解した育成責任者の指導をうけることで、技能育成されているのだ。つまり、京都花街では、働きながら芸舞妓さんが継続して学ぶシステムができている。個人の学びと仕事の現場での学び、さらに教育制度としての女紅場の学び、これらが「学びのサイクル」として成り立っている（図表7-1）。だからこそ、現代っ子の少女たちが、一年程度という短い教育期間でプロフェッショナルとして現場に立つことができ、現場で技能を発露する機会が増え、自分の未熟さを知り、さらに学ぶことの必要性を自覚していくというサイクルを、自分で自然と回すことができるようになる。その結果、数年で自前さん芸妓さんとして独立自営できるレベルにまで養成されるのだ。

このように芸舞妓さんたちが女紅場に所属して学び続けることには、二つの大きな意義があることがわかる。一つは個人の技能レベルを短期間にあげることができること、もう一つは、女紅場という場を共有して働きながら学ぶことで、芸舞妓さん全員の技能レベルを引き上げることができることである。さらに、後者のポイントは、ひいては京都花街で提供されるサービスの質そのものの向上につながっている。芸舞妓さんをプロフェッショナルとして養成するための女紅場は、個人の技能形成への貢献にとどまらず、京都花街らしいおもてなしを生み出すことにつながり、競争力の源泉の一つになっているといえよう。

図表7-1　芸舞妓の「学びのサイクル」

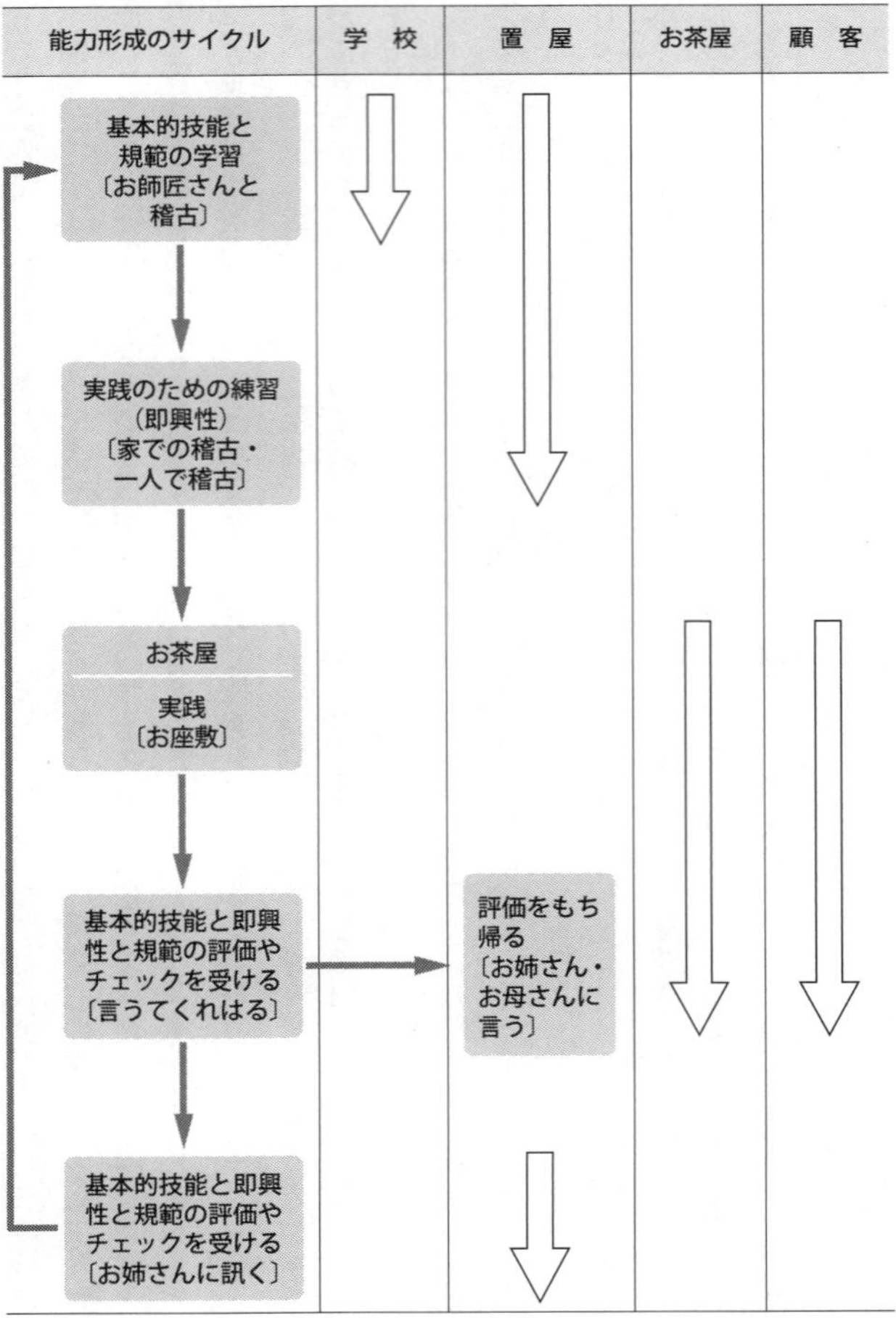
能力形成のサイクル
学　校
置　屋
お茶屋
顧　客
基本的技能と規範の学習〔お師匠さんと稽古〕
実践のための練習（即興性）〔家での稽古・一人で稽古〕
お茶屋
実践〔お座敷〕
基本的技能と即興性と規範の評価やチェックを受ける〔言うてくれはる〕
評価をもち帰る〔お姉さん・お母さんに言う〕
基本的技能と即興性と規範の評価やチェックを受ける〔お姉さんに訊く〕

踊りの会

女紅場は、さらに芸舞妓さんたちに技能の発表の場も提供している。大きな舞台を踏ませ研鑽の機会をあたえて、次へのステップ・アップの機会を作っているのだ。それが各花街の踊りの会なのである。

「京都の春は、花街の踊りの会からはじまる」、そんなことがよくいわれるように、上七軒の「北野をどり」は三月下旬に、また祇園甲部の「都をどり」と宮川町の「京おどり」は花街に近い京都の桜の名所、円山公園、鴨川や木屋町の川べりの桜が見ごろになる四月

京おどり

初めに開催される。桜のシーズンが終わったあと、木屋町の柳の新緑が目に鮮やかな五月には先斗町の「鴨川をどり」が、そして、紅葉シーズンの一一月には祇園東の「祇園をどり」が開催される。

このように京都花街では観光シーズンにあわせて※毎年踊りの会を開催し、この時期の花街は地元のファンだけでなく観光客でもおおいに賑わっている。もっとも期間が長く会場も大きな祇園甲部の「都をどり」では、一カ月の踊りの開催期間に、※延べ一〇万人もの観客が訪れるという。

実は、この花街の踊りの会は、芸舞妓さんたちの学校の発表会となっているのだ。踊りの会は、お客にとっても目にも鮮やかで晴れやかな舞台であるが、演じる側の芸舞妓さんにとっても、晴れ舞台である。特に、新人の芸舞妓さんたちにとっては、緊張で手足が震えるほどの場だという。各花街によって所属する芸舞妓さんの人数に差があるので、一概にはいえないが、経験が一年程度の新人さんでも舞台に立つことができ、日ごろの練習の成果を大きな舞台で発揮することができる。その経験を通じて、芸事の手があがり、またお稽古をがんばろうという気もちにもつながる。

芸舞妓さんたちの学校の発表会だからこそ、こうした芸事の技能がまだまだという新人さんたちにも出番がある。芸事が上達したお姉さん芸妓さんたちは、広い舞台に二、三人という少ない人数で日本舞踊を披露する一方で、新人の舞妓さんたちは多人数で、集団としての美しさや華やかさを披露することになる。経験年数に応じて、芸事に秀でていれば高度な演目が、芸事がそれなりならそれに応じた演目が用意される。新人の舞妓さんたちは装束からも芸歴が浅いことがわかるので、芸事と同時にそのひたむきな一生懸命さも楽しむことができる。

※**毎年踊りの会を開催**　東京や大阪の花街でも、以前は花街主催の踊りの会が開催されていたが、現在、大阪では大きな舞台での踊りの会は開催されていない。東京では新橋の

「東《あずま》をどり」が新橋演舞場で数日間、赤坂の「赤坂をどり」や神楽坂の「神楽坂をどり」は二日間程度の開催がされている。これは東京の花街には歌舞練場のような施設がないため、花街が興行主になって興行的に都合のよい時期に踊りの会を開催できないからだと推察される。既存の劇場を借りて上演する場合は、一カ月単位の興行になり、それだけロングランの上演は今の東京の花街の規模では事実上無理だと考えられる。

※延べ一〇万人もの観客　『日本経済新聞』二〇〇七年四月一六日夕刊。

プロとして磨かれる

この踊りの会は、技能発揮の場として機能すると同時に、目も回るほどの忙しさを体験させ、新人の舞妓さんたちに働くことのシビアな現実を体感させる機会ともなっている。というのも、この時期は、踊りの会＋お座敷と、芸舞妓さんたちは朝から夜までフル回転の日々が続くからだ。なじみの顧客たちは、踊りの会を見にきたついでにお座敷をかけることが多い。しかもこの時期は観光シーズンであるためにホテルや料理屋などへの出張も多い。芸舞妓さんたちは、日ごろは三時か四時ごろからはじめるお化粧や衣装の支度を、踊りの期間中は朝から開始する。そして、お昼ごろには踊りの会の第一回目の舞台にでて、その後二回、三回と舞台公演を重ねる。夕方最後の舞台がはねるとすぐにお座敷にでかけ、帰宅は夜中すぎ、連日二時、三時の就寝となる。そして、ゆっくり寝る間もなく、また翌朝は早く起きて支度をする。このような毎日が開催期間中ずっと続くのである。

この忙しさを体験することによって、舞妓さんであることに、より現実的なプロ意識をもつようになっていく。厳しいお稽古をとおして身につけたことを舞台で披露する喜びと責任、睡眠不足と戦いながらお座敷を連日きちんとつとめることの厳しさを体験できる踊りの会の期間を経ると、新人の舞妓さんたちは、花街の中での自分の責任をしっかりと自覚するようである。

ゆっくり寝ている時間がないうえに、初舞台の緊張と、楽屋でたくさんのお姉さんに囲まれることによる気疲れ、さらにまだあまり慣れないお座敷の連続で、新人の舞妓さんが舞台の袖で疲れて居眠りをすることすらあるという。

役割の自覚

新人の芸舞妓さんにとって踊りの会は、自分の技能をきちんと披露することができるのかを試される機会になる。しかも、もしそこで失敗をしたら、自分だけの責任ではなく、自分を引きたててくれたお姉さんの責任になる。たとえばこんなことを、ある舞妓さんからお座敷で聞いたことがある。

「去年は舞妓さんになって初めての踊りの会で、お稽古も大変どしたけど、ある日の舞台の途中でお扇子を落としてしもうたんどす。すぐに拾って続けたんどすけど、そのあとが大変どした。うちが舞台で失敗したさかいに、その次の日に、お姉さんがついてきてくれはって、一緒に全部のお茶屋さんに謝りにまわったんどす。うちが落としたことやのに、お姉さんはなんにも悪いことしてはらへんのに、すんまへん、すんまへんと言うてまわってくれはって、ほんまにお姉さんには悪いことしたと思うてます。そやさかいに、今年は絶対お姉さんに迷惑かけへんように思うて、お扇子落としたりせえへんようにしようと思うて、去年よりもっと緊張したんどす」

踊りの会が終わって一カ月半ほどたち、その余韻がさめたころ、本当にホッとした心もちで話してくれたのだ。

こうした踊りの会といった大きな発表の舞台の経験をとおして、彼女たちは、自分の失敗が自分だけの失敗ではないことを理解する。花街という共同体の中での、自分のポジションというものを意識するようになるのだ。

踊りの会では、集団で舞を披露することが多い。特に新人の舞妓さんが一人や二人で舞台に立つことはほとんどないから、個人の技芸もさることながら、周囲への配慮、全体としての美しさといったことの大切さを自覚する機会になっている。こうしたことは、もちろんお座敷の場でも自覚されるだろうが、踊りの会という、より周囲から注目される機会だからこそ、チームとしてきちんと振る舞うことの大切さを肌で理解できるのだ。先述の例でいえば、扇子を落とすということが、集団としての統率のとれた技能の披露を妨げたことになり、そのことが、周囲に対していかに大きな迷惑をかけたのかが、わかってくるようになる。

芸舞妓さんにとって個人的に技能を磨くことは欠かせないことであるが、一方で、一人ではお座敷が成り立たないことも、多人数が一つの舞台に立つことによって体験的に知っていく。踊りの会は、花街の中での自己の役割を少しずつ理解することにつながっているのだ。

かしこい妓とは

芸舞妓さんの場合は「座持ち」が重要な評価の基準であることは第6章で詳しく述べたが、こうしたお座敷で求められる能力以外に、芸舞妓さん自身の醸し出す雰囲気も磨くことが求められる。「かわいいなぁ」というだけでは、お客がずっとお座敷をかけてくれるとは限らないのだ。若さという、時間とともに失われる要素だけに頼っているのでは、いずれお座敷に呼んでもらえなくなってしまう、シビアな世界なのだ。

花街では、顧客によりよいサービスを提供するために、分業制度によるメンバーの流動性が担保されており、お茶屋はお座敷ごとに異なるパーツを組み合わせて場をしつらえ、花街らしい「おもてなし」を提供することができるようになっている。つまり、芸舞妓さんたちもこのパーツの中の一つであり、芸舞妓さんらしさはもちろんのこと、自分なりのよさを磨かないと、生き残っていくことはできないのだ。

そのためには、芸舞妓さんたち全体の中での自分の位置づけ、どこが特色で、何が自分らしいのかを考える「かしこさ」がいる。周囲と協調しながら自分の能力を発揮する工夫がいるのだ。自分なりのオリジナリティを磨き、それをうまく周囲と調和させながら、顧客にきちんと伝えなければならない。今、芸舞妓として売れっ子だからということだけに頼ってしまうと、たくさんいる芸舞妓さんたちの中で、自分の立つ位置を見失ってしまい、なぜ自分がお座敷に呼んでもらったのかを、忘れてしまうことになるという。学校でも、お座敷でも、また踊りの会など目立つ場でも、花街の中での自分を客観的に見つめる力が必要なのだ。

こうした「かしこさ」は、学校という学びの場と、踊りの会などの技能発揮のイベント、そして芸舞妓さん本人が自分のよさを磨こうと自覚することが深く結びつく中で養われていく（図表７−２）。花街にある学校制度と、それにかかわる複数の専門家や育成者の連携のもとに、彼女たちが学び、技能を発揮することで、全体の中で自分のことがわかり、だからこそ自分のもち場を知り、個性を磨こうと、よりいっそう努力するようになる。ま

図表7－2　人材育成と制度の関係

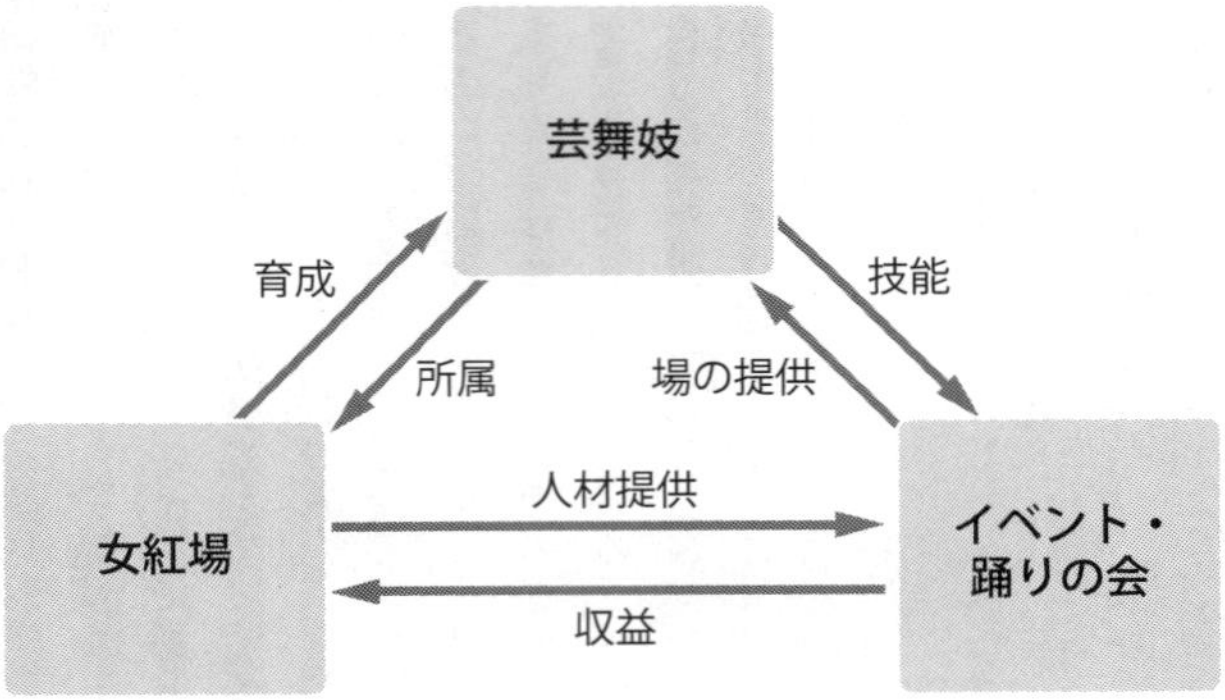

さに、「働きながら学ぶこと」（By the Job Learning）で、芸舞妓さんたちは自分たちが花街の一員であることを自覚し、オリジナリティをもつプロフェッショナルとなっていくのだ。

芸舞妓さんたちはお座敷や踊りの会などの経験をへることにより、一人では芸舞妓さんらしい仕事ができないことを、新人の時期からおぼろげながらわかり、数年へると非常に明確にそのことを理解するようになってくる。こうしたことができるのも、お姉さんやお母さんという現場と基礎の両方に知見が深い育成者のサポートのもと、お座敷で働き、学校で基礎トレーニングをうけるというサイクルが、日常的に回っているからであろう。

「かしこい妓《こ》」とは、全体の中で自分のことがわかり、だからこそ自分のもち場を知り、個性を磨こうと努力する芸舞妓さんたちのことである。そして、その努力をわかってお座敷をかける顧客がいることで、京都花街は長年成り立ってきたのだ。

興行の事業システム――都をどり・宝塚歌劇・AKB48

小林一三《いちぞう》が設立した宝塚歌劇団。その華麗な舞台と輩出してきたスターたちを見ると、宝塚歌劇団は日本のエンターテインメント産業界の華といっても過言ではないだろう。この宝塚と京都花街の踊りの会は、意外な接点がある。それは、興行の仕組みが非常によく似ていることだ。

両者を比較すると、劇場が明治時代に新たに作られ、その興行の出演者は劇場と同じ経営母体の学校により育てられた生徒たちという仕組みで、現在まで興行を継続していることがわかる。花街の踊りの会は年に一度か二度、宝塚では年間を通じて興行が行われるという差異はあるが、「自前の劇場＋学校↓生徒たちの晴れ舞台＝興行」という基本軸は同じである。

実は、この宝塚と京都花街との類似は偶然の一致ではない。それは、小林一三が花街の芸舞妓育成の学校制度を参考にして、宝塚少女歌劇に人材育成のための学校制度を導入したからだ。小林一三が宝塚歌劇団創設以前から花街で遊興していたのは有名である（氏の日記に詳細な記述がある）が、宝塚新温泉開業の明治四四年と翌年、宝塚新温泉では、当時大阪で隆盛を誇っていた南地大和屋の抱える芸妓さんたちが芦辺踊りを披露している。この南地大和屋は、明治四三年に芸妓さん育成の学校制度を設置し、養成と呼ばれる生徒を一〇〇人以上抱え、そこで育成した芸妓さんたちを自分の料亭専属としていた。

『大和屋歳時』（南地大和屋著）によると、小林一三は歌劇団設立にあたり、学校制度について当時の南地大和屋当主から教示をうけている。しかもこの南地大和屋の人材育成方法は、同業種である京都花街の学校制度を参考にしたものである。本書をお読みの皆様ならおわかりだろうが、京都花街の学校「女紅場」の設立は明治五年だ。そして京都花街では、小林一三が宝塚で実行した興行の仕組みと同じ方法で、都をどりなどの踊りの会の興行が明治初めから実施されていた。つまり、小林一三が宝塚歌劇ではじめた新しい興行の事業システムの源流は、京都花街の踊りの会にあるといえるのである。

さて、今仮に「宝塚・花街型」と呼ぶこの興行方法には、垂直統合のメリットがある。学校制度で継続的に人材を育成し、出演者は劇団所属だから低コスト、そして演目も劇団側で決定するから観客の反応を常に反映したものを組むことができるという、ダイレクト・マーケティングで一貫して、安定的に低価格で生産・販売する流れがそこに見える。もちろん、デメリットもある。劇場建設と維持・継続的な人材育成には莫大な経費がかかること、さらに観客が望むような適切な人材を継続的に育成できるかというリスク、上手く育成できても飽きられないかという問題もある。しかし、宝塚は「清く、正しく、美しく」というイメージを創造しそれを持続することで、宝塚歌劇＝上品で華やかな女性向けのエンターテインメントという文化的イメージを作り、宝塚歌劇だけにとどまらず阪急電車が沿線開発した周辺地域の知名度と好感度を作り上げている。

この「宝塚・花街型」の興行システムは、現在ではＡＫＢ48へと受け継がれている。オーディションで集めた若い女性たちに歌やダンスのレッスンを行い、さらに自前の劇場での発表という機会提供による実践的教育、握手会や総選挙など観客の反応を反映した人材の選抜へとつなげているのだ。

第8章

京都花街の経営学

——「おもてなし」の事業システム

お座敷に芸舞妓さんたちが現れると、場の空気そのものが、まるで目に見えるようにパッと華やかになる。お正月、黒紋付に稲穂のかんざしの芸舞妓さんたちが登場すると、床の間の松もお膳に並んだ塗りの杯も、いっそう輝きを増す。「鴨川の床」では、芸舞妓さんたちの涼しげな※絽《ろ》の着物が、川をわたる風を感じさせる。

こうした京都花街ならではの「おもてなし」の根底にあるのは、宴席の場の雰囲気や人の微妙な気配をキャッチし、それに対して次にどうすればいいのかを自分の特性に応じて判断し、すぐに顧客のために何らかのアクションとして提供する、お座敷にかかわる人すべてが自然と動くその一連の不断の流れである。マニュアルには書くことができない、人が人を気にかける「思いやりの情《こころ》」こそが、京都花街という業界全体を支えている重要な指針であるといえよう。

この日本的な「おもてなし」は、京都花街だけのものではない。全国各地にあった花街なら、どこでも心がけられていたはずだ。しかし、現在ではその多くが姿を消してしまい、残っている花街でも、芸妓《げいぎ》さんの数の減少と高齢化、そして彼女たちの仕事場の減少という業界そのものの存亡にかかわる問題を抱えている。こうした花街の衰退については、需要そのものの減少と※顧客のニーズの変化という二つの大きな理由をあげることができる。需要そのものの減少傾向は、日本全国の花街では一九六五年ころから問題になり、バブル景気が崩壊したことで決定的となった。

ところが、京都花街では一九九〇年ごろから、減少傾向にあった舞妓さんの数が増え、現在では日本全国から希望者がやってくるため、仕込みさんを受け入れる置屋の数のほうが不足気味であるという。また接待需要の減少が叫ばれ、高級クラブもレストランも単価の高いサービス業一般の経営が楽ではなくなったといわれる中で、京都花街では※総売上高が一定規模を保っている。

なぜ、京都花街は、単に三五〇年以上の伝統を誇るだけでなく、環境の変化に直面しながらも競争力を維持しているのだろうか？

本章では、京都花街の競争優位性の源泉を「伝統」や「文化」といった形容詞でくくらずに、経営という視点から迫っていきたいと思う。今まで説明してきた花街の人材育成や評価、取引の仕組みなどの組み合わせがもたらす複合的な効果を明らかにし、さらに花街が地域産業であることに着目し、大阪と東京という二大都市の花街と比較していく。一見、合理的とは思えないような京都花街の仕組みや慣行が、全体としてながめてみると、環境の変化に対応するダイナミズムをもつ、ビジネスとして力を有する※事業システムなのではないかという問題意識のもとに、探っていきたい。

「うちひとりだけ、うちの置屋だけが気張っても、あかんのどすわ。お客さまから、今度のお座敷には、舞妓はん三〇人そろえてくれへんかといわれて、へぇおおきに、だんどりさしてもらいます、といえへんと。お客さまのご希望にそえるように、街全体で気張らしてもらわへんと、あかんのどす。うちら、運命共同体どすさかいに」

※**絽** 縦糸と横糸をからませ、絽目《ろめ》と呼ばれる細かい穴が連なるように織られた布のこと。通気性にすぐれ、肌触りがよいのが特徴。

※**顧客のニーズの変化** 生活様式の変化や趣味の多様化から、花街で邦楽をたしなむお客は減少している。ゴルフやカラオケなどが接待の重要なコンテンツになっていることからも明白である。

※**総売上高** 各花街の始業式では総花代について報告されることが多い。

※**事業システム** 「事業システム」という考え方については、加護野忠男『〈競争優位〉のシステム』を参照。

おもてなしの需要と供給

花街で提供される「おもてなし」は、見たり聞いたり、計測可能な尺度を用いて品質をチェックしたりすることはできない。具体的な形はないが、しかし人の心には確実に響く。まさに五感すべてに訴えかけ、さらに顧客の心を満たすようなサービスである。この「おもてなし」の質をきちんと保つことが、京都花街がサービス業として競争力を保つための基礎になっていると考えるのは当然であろう。

顧客に対して、品質を目に見える形で保証することができないものを、安くはない対価がとれるような一定レベル以上で継続的に提供できるからこそ、何代にもわたって利用する顧客が生まれる。顧客はここなら安心、「頼むわなぁ」という一言で一切を任せられるという信頼をお茶屋に対して抱き、難しいお客の接待もあの芸妓さんなら大丈夫だと、その場の仕切りを芸舞妓さんに預ける。

このように顧客がおもてなしに対してもつ期待をきちんと把握し、それに対応する能力がサービス提供側にあり、さらに提供された形のないサービスを「座持ち」という言葉できちんと評価し、芸舞妓さんやお茶屋の技量を理解する顧客がいるから、ずっときちんと取引が行われるのだ。一見さんお断りという会員制度は、新規需要の開拓に関しては問題があるが、継続的な需要を生み出すことにつながり、さらに、提供するサービスそのものの質を保つ働きもしている。

そして、その結果、京都花街では長期間にわたって「おもてなし」の上質なサービスが提供されるという情報が継続的に発信され、日本全国に流布している。江戸時代から京都花街は一流の花街として有名であり、現在でもその地位は下がることなく、雑誌や※映画、テレビなどで広くとりあげられ、世界的に見ても知名度が高い存在となっている。だからこそ、日本各地の人、海外の人にも、芸舞妓さんを見てみたい、できれば一度は実際にお座敷に行ってみたいという強い期待感を抱かせ、現代でも観光の分野で新しいニーズを生み出すことにつながっている。

京都花街は会員制度によって成り立つ、閉鎖的な市場である。しかし供給されるサービスの質についてよく理解し評価できる人が継続的に適正価格でそれを購入するというルールがあるからこそ、価格競争にはつながらず、適切な需要と供給のバランスが成り立っている。京都花街では、価格ダンピングという安易な方法で顧客をとりあうことはない。あくまで心地よさ、提供するサービスの質で競うという仕組みが続いてきたのも、それを理解し、評価し、適正なサービスに対して適切な価格を払う、という顧客が育ってきたからなのだ。

そして価格競争で市場が荒れる心配が少ないため、芸舞妓さんという「おもてなし」の担い手が長時間をかけて育成されている。※東京の花街でも一見さんお断りの慣行があるが、花街の市場規模そのものの大幅な縮小により、人材育成に時間をかける余裕がなくなっている。和の文化に惹かれて芸者さんになりたいという若い女性たちは、京都に比較すると、十分な育成期間がないまま、※技能の事前チェックがなされずにお座敷にでることもある。これでは、需要側もかかわりながら供給の質をコントロールしていくという、伝統として続いてきた会員制度のよさを活かしきれていないのだ。

※**映画**　二〇〇七年六月、映画『舞妓 Haaaan!!!』（脚本 宮藤官九郎、監督 水田伸生、東宝）が公開されている。

※**東京の花街でも……**　東京にある六つの花街の現代の様子については、浅原須美『東京六花街』を参照。

※**技能の事前チェック**　京都花街では、芸舞妓さんとしてお座敷にでる前に、関係者により舞の試験などの技能チェックがなされている。

新規需要への柔軟な対応

もちろん、京都でもお茶屋が接待の場になることが減り、戦後のピークであった昭和三〇年代と比べると、お座敷での需要そのものは顕著な減少が見られる。しかし、最近の京都ブームや日本の伝統を見直す気運もあり、お座敷以外のさまざまな場所や場面、特に観光の分野で芸舞妓さんたちは活躍し、花街の売上に貢献するようになっている。

京都にやってくる観光客向けの企画には、芸舞妓さんたちは欠かすことのできない存在である。伝統文化に裏打ちされた芸舞妓さんたちのイメージは非常に強力なものだ。修学旅行生に日本舞踊を見せる、お寺でお茶のお点前《てまえ》をする、ホテルの企画パックの宴席をつとめるなど、まさに引っ張りだこだ。また、春と秋に開催される各花街の踊りの会は、四五〇〇円程度の価格のチケットが当日に購入できる手軽さもあり、国内外を問わず非常に多くの観光客が訪れている。また、日本全国各地、あるいは海外にも芸舞妓さんたちは出張し、京都や日本文化のPRに一役買っている。

そして、こうした新しい需要に柔軟に対応しているのが、「おもてなし」のコーディネーターのお茶屋のお母さんたちである。顧客の窓口となるお茶屋のお母さんたちは、仕事の場を京都花街のお茶屋や料理屋に限定せずに、芸舞妓さんらしさを活かして京都花街ならではのおもてなしの魅力を伝えることができる場であれば、日本にとどまらず世界各国での仕事も引き受けている。日本髪姿の写真を貼ったパスポートをもつ舞妓さんがいる、そんなことが少しもおかしくないのが、京都花街の実状である。伝統的であるということは、今までの仕事のあり方を踏襲するということだけではない。京都花街は、市場のニーズにあわせて、顧客の意を汲みとる柔軟さももっているのだ。

地域限定の課金システム

東京の芸者さんたちの主な仕事の場は、「お出先《でさき》」と呼ばれる、各花街の組合の構成メンバーである料亭である。京都花街の芸舞妓さんたちのように、東京の花街の芸者さんが東京の観光シンボルとして活動したり、ホテルの企画や観光会社の企画の目玉になったりすることは少ない。

今はもうなくなった東京の有名な花街「柳橋」は、新橋とともに東京で最上ランクの花街として隆盛を極めたが、芸者さんたちのお出先である料亭がすべてなくなると同時に、その花街としての歴史も終焉してしまった。柳橋の芸者さんたちは他の地域の料亭をお出先とすることはなく、柳橋という花街にある料亭がなくなることと、運命をともにしてしまった。つまり、東京では、芸者さんたちの仕事場は所属する花街の地域のみ、という強い意識がある。花街ごとにお出先の料亭が明確に決まっており、事実上、芸者さんは地域で仕事場のすみ分けをしているのだ。

京都花街では、料理屋は花街の組合員ではないため、ある花街にある料理屋にその花街以外に所属する芸舞妓さんたちが呼ばれても、まったく問題はない。たとえば、祇園甲部のお茶屋のお母さんが、顧客から先斗町にある料理屋に祇園甲部の芸舞妓さんと上七軒の舞妓さんを一緒に呼んでほしいといった依頼をうけたとしても、お茶屋のお母さんは顧客の好みを第一に手配をする。

もちろん、東京の芸者さんたちも他の地域への出張は可能であるが、それには遠出と呼ばれる通常よりも高い料金システムがかかる。いくら距離的に近くても、お出先ではない料亭に出向くことは、その地域に芸者さんがいないところであっても遠出となる。だから、顧客は費用のことを考えると、贔屓の芸者さんを自分の気に入った料亭に呼ぶことについて、二の足を踏むことになる。

京都花街では、どこの地域の料理屋に芸舞妓さんたちが呼ばれても、割り増し料金はかからず、芸舞妓さんたちがお座敷に行くために置屋をでたときから時間単価で花代が計算される。つまり、お座敷に同席する時間と、芸舞妓さんたちの移動の時間、すなわちそのお座敷のために芸舞妓さんたちが使った時間の総和をもとに花代がカウントされるのだ。移動時間までカウントするというと、理不尽な計算方法のように思われるかもしれないが、五花街のうち四つが近接している京都では、料理屋も特定の地域に密集しており、移動時間はそれほどかからないことが多い。結果的には、顧客が自分の嗜好にあう料理屋に気に入った芸舞妓さんを呼びやすくなり、芸舞妓さんにとっても仕事が増える仕組みになっているのだ。

設備投資重視

東京の料亭と、京都のお茶屋の大きなちがいは、東京では料亭に板前さんがいて料理が作られる、いわゆる割烹《かっぽう》料亭が多いのに対し、京都花街のお茶屋では料理は直接作らず、料理屋か仕出屋からとることになっている点である。それぞれ芸妓《げいぎ》さんが宴席に同席することにちがいはなく、饗せられる料理も基本的には会席料理であり、料理そのものの内容に地域間格差があるわけではない。

東京では、戦後、貸席を業としていた「※待合」という業態が廃れていった。実は、料亭という言葉ができたのは、戦後のことだというのだ。待合がなくなり、芸者さんたちが出向く先は広い座敷で立派な宴席が催されるような料亭がメインとなった。

塀に囲まれた東京の料亭は、外からうかがい知るかぎりでも、※数寄屋風の凝ったつくりの建物に手入れが行き届いた庭があることがわかる。塀に隔てられた料亭の中には、いかにもおもてなしの場としてふさわしいお座敷があるだろうと想像できる。柳橋や新橋、赤坂などのいわゆる高級料亭が、政治や経済の密談の場として利用された当時には、これら花街の料亭はその強みを十分に発揮し、業界として十分な利益をあげることができた。

しかし、待合がなくなり、料亭が高級化した結果、東京では料理を頼まずに後口《あとくち》と呼ばれる二次会利用で花街を訪れる人が非常に減ってしまった。花街そのものが高級化し、特別な人が特別な機会にのみ利用する場となってしまったのである。客単価があがったとしても、利用回数の減少は、設備投資の額が大きいだけに、料亭にとっては大きな痛手になるだろう。バブル景気の崩壊以降、もちこたえられなくなった料亭が廃業し、まとまった敷地がマンションなどに建て替えられる、そんなことが、東京では珍しくはない現象となったのだ。

また、二〇〇六年、大阪の花街にある有名なお茶屋、「南地大和屋」のその立派な建物が、とり壊されてしまった。南地大和屋は、大正期に四階建ての立派な建物を建てた大阪の雄と呼ぶべきお茶屋だ。戦後の復興後もこの路線は変わらず、能舞台を建物内に併設し、お茶屋業と料理部門を兼業し、規模を拡大し高級化するという選択が、花街をとりまく環境変化に適応できなかったことは明白である。

※**待合**　四畳半や六畳など小さな座敷を貸すことを業とし、芸者さんが出向くことができるが、料理などは出前をとる形態。料理屋では宴会が行われるのに対して、顧客の私的な遊びに使用されることが多かった。戦後、風俗営業法の施行に伴い、芸者さんたちのお出先は、待合と料理屋の二カ所から、料亭へと変化した。なお、現在、東京の料亭には料理人を置かず料理を仕出しで取る店があり、待合の形式を引き継いでいる。

※**数寄屋風**　安土桃山時代に現れた、茶室風の建築様式。格式張った意匠や豪華な装飾を廃し、軽妙な風情があるのが特徴。

お茶屋は情報重視のソフト型産業

京都では、お茶屋は料理を提供せずに、場所だけを貸し、芸舞妓さんたちや料理に関する情報を集め、顧客の好みに応じてきちんと手配し「おもてなし」をコーディネートする業務を続けている。今日的な言葉でいえば、マーケティング情報を集め、市場からコンテンツの評価情報を収集し、自らの顧客の嗜好を反映してそれらを顧客の要望以上のものに組み立てて販売している。お茶屋は情報重視のソフト型、料亭は設備投資型のハード型の業態であるといえる。

こうした形態のちがいにより、お茶屋では、自分の好みにあわせて好きな料理を食べることができ、また二次会などで飲み物代と花代だけという比較的安価な料金で、芸舞妓さんたちをお座敷に呼んで、気楽に利用することもできる。顧客の要望に応じてサービスのパーツごとに市場から調達する形式だから、在庫をもつこともない。一般のサラリーマンがいつも行けるような価格ではないが、何か機会があれば、行ってみることができる程度の料金設定にすることは可能である。

さらに、京都では、ここ四〇年ほどの間にお茶屋バーという、より手軽なお茶屋の利用方法も定着している。これはお茶屋の中にお座敷とは別にバーが併設され、お茶屋のお母さんなどが相手をしてくれて、気軽に飲めるという仕組みである。なじみのお母さんと話をするだけなら、お酒代だけの本当に安い料金でお茶屋の雰囲気を楽しめる。また、花代をつけて芸舞妓さんたちを一緒に連れて行くこともできる。お座敷で舞を見たり邦楽を楽しんだりということも花街の楽しみの一つだが、芸舞妓さんたちとゆっくり話をすることが目的なら、バーならより手軽に利用できる。もちろん、お茶屋の中だから、ここは一見さんお断りの場であり、バーで同席するのはそのお茶屋の顧客だから客筋もよく、周囲の目を気にせずにくつろぐことができるのだ。

お茶屋側からすれば、お座敷の利用は高額の後払いで回収不能になるリスクも高いが、一方バーの場合は、客単価は低いけれども現金商いが可能となり、改装などの投資費用を手軽に回収することができるメリットがある。さらに、いわゆる日銭をあげることができる、現金収入の道を開くことができる、というメリットもある。

こうした手軽で現代的なニーズに応えることができたのは、京都のお茶屋が料理部門を内部に統合せず、顧客との接点をいかに保つかに特化し、顧客のニーズに的確に応えようと努力した結果であろう。この点においても、一見さんお断りの長期会員制度によるマーケティング情報の蓄積がうまく機能していることは、想像にかたくない。

さらに、京都のお茶屋は、見習い茶屋として新人の芸舞妓さんの育成にも深くかかわっているため、現在提供可能なコンテンツ（現役の芸舞妓さんたち）だけでなく、今後提供できる新しいコンテンツ（これからデビューする新人芸舞妓さんたち）についても、いち早く情報を手に入れることができる。こうした新しい情報を活かして、顧客にさりげなく新人の芸舞妓さんを紹介することも、お茶屋バーならちょっとした手伝いに新人さんを呼べば、ごく簡単なこととなる。

このように市場の情報を収集して、その情報をもとに顧客のニーズに応えることができ、さらに在庫はもたず、提供するコンテンツとして適切なものを外注することに特化した業態が、京都のお茶屋なのだということが見えてくる。

事業部門の戦略的選択

どの部門の強化を戦略的に選択するのかは、花街をとりまく環境によって、大きく左右される。戦災を逃れた京都では、狭い地域に間口の狭い京都独特の町家づくりのお茶屋が集積しているため、料理部門を統合して規模の拡大をはかるよりも、たくさんある料理屋や仕出屋に外注して料理を購入するほうが、狭い土地をより効率的に活用できるという選択がされたと推測できる。

東京では、政治家や経済界の幹部などのニーズにあわせ、会合などの様子を外から隔離するために、高い塀と大きな屋敷が必要になったといえよう。また、食べ物やサービスの内容にうるさい大阪商人を相手にした南地大和屋では、料理屋もお茶屋も置屋も芸妓さんの養成学校でさえ垂直統合し、提供するコンテンツすべての品質管理を徹底的にはかろうとしたのかもしれない。

ここで重要なことは、市場特性の分析にもとづく事業部門の戦略的な選択だ。「おもてなし」という、必需品ではなく、客単価を考慮するとその市場も爆発的に大きくなる可能性が乏しい、そんなサービスを提供する花街では、お茶屋や料亭の経営努力だけでは、景気の変動の波に対抗することは難しい。不況時には、その景気の振れ幅以上に大きくその業績がさがる傾向がある業界で、過大な設備投資を実施すると、景気の動向を見誤ると回収できない可能性が高いということが想定できる。

この点を考慮すると、利用の頻度をあげ顧客情報を収集し、サービスのアウトソース化で極力固定費用を削減すると同時に、お茶屋バーで小口の現金収入が常時入る道を選択した、京都花街のお茶屋の選択が、キャッシュフローの点からも理にかなったものであったといえる。

お茶屋と置屋の兼業化

京都花街では、お茶屋が複数の専門業者から顧客のニーズにあわせてサービスを購入し、各お茶屋のお母さんのコーディネート力によってそれらを組み立て、「おもてなし」のサービスとして提供している。京都花街では、サービスのアウトソース化のメリットを活かして、料理屋や芸舞妓さんなど複数の専門業者にその質を競わせ、よりよいサービスを選択できる環境を整えている。その結果、顧客の望む以上の「おもてなし」が、お茶屋という場を介在して提供できるようになっている。

しかし、最近、こうしたアウトソース化に変化が見られる。それがお茶屋と置屋の兼業化だ。この兼業化は、アウトソース化とは相反するように見えるが、京都花街が直面した芸舞妓さんのなり手の変化という大きな環境変化に対応するために、十分なメリットがある。

数十年前、花街の中や関係者から、芸舞妓さんになりたいという人材を探すことは容易であった。しかし戦後の日本経済の成長にともなって、家庭の経済的な理由でいたし方なく花街に参入する少女はいなくなった。また、お茶屋や置屋の娘さんたちは、外の世界にあこがれて花街からでて行くことを望むことが多くなった。さらに、旦那さんの減少により、花街の中で生まれ育つ女の子そのものが非常に減ってしまった。その結果、高度成長期には舞妓さんになる少女たちが減少し、昭和四〇年には約八〇名いた舞妓さんの数は、昭和五〇年には五花街あわせて二十数名にまで落ち込んでしまった。「舞妓さんは、『レッドデータブック』に載るそうや、絶滅危惧種なんや」などと噂されるようにもなったほどだ。

なり手の減少という変化に応じて、京都花街では京都以外の出身者を育成するようになった。実は当初は京都以外の出身者を受け入れることに抵抗があったようだが、自発的意思で花街にやってきた少女たちを育成しないと、街そのものが成り立たないという危機感もあり、五花街によって温度差はあったようだが徐々に対応していった。その結果、現在では京都以外の出身地の舞妓さんが約九割といわれるように、芸舞妓さんたちの出身地を京都に限定しないことは、ごくあたりまえになっている。

この京都以外の人が芸舞妓さんになるという変化により、人材育成に大きな質的変化が生じた。以前のように花街の内部の人材なら、京言葉や立ち居振る舞いなどは日常生活の延長であり特別に教える必要はなく、日本舞踊や邦楽なども幼いころからお稽古しているのがごく普通だった。しかし、外部の人材ではそうはいかない。「おおきに」という挨拶、襖の開け閉めなどごくごく基礎的なことから、日本舞踊や邦楽などの芸事まで教えなければならなくなったのだ。しかも、この教育内容のボリュームアップには、育成期間の延長では対応できない。舞妓さんはあどけなさやかわいさがその特徴であり二〇歳ごろまでしかできないため、中学卒業後数年かけて育成していると、舞妓さんとしてデビューさせることができず、置屋は教育にかけた投資を回収する機会を逃してしまうからだ。

お茶屋と置屋を兼業することで、この人材育成面での問題点に対応することができる。置屋に住み込み修業をする京都花街の人材育成制度のもとにやってきた舞妓さん希望者は、自分の置屋がお茶屋を兼業している場合、仕込みさんのころからお座敷やお茶屋バーなどで現場を体験することができる。このように少しでも就業形態に近い濃い経験を日常的にもつことで、言葉の習熟も立ち居振る舞いを身につける速度も早くなり、花街の慣習にも自然と慣れていく。デビュー後も置屋がお茶屋を兼ねていれば、そこで仕事をする機会が自然と増える。お茶屋と置屋の兼業化は、京都以外の出身地の芸舞妓さん希望者たちに、京都花街に早く慣れる機会を提供し、さらに仕事経験を多く積ませることで技能の上達を促すという効果をもたらした。置屋がメインの兼業の場合にはより効率的な人材育成となることはもちろん、お茶屋がメインの兼業の場合にも、繁忙期、芸舞妓さんの手配の難しい時期でも自分の抱えている芸舞妓さんたちをお座敷に呼ぶことができるので、売上の面から見てもプラスとなり、育成のコストを早く回収して利益をあげることにつながっている。

京都の五花街のうち、その規模を考えると舞妓さんの人数が多い宮川町では、ほぼすべての置屋がお茶屋を兼業している。また、ここでは、新規に置屋を開業する場合にはお茶屋業の免許をとることが決められているという。祇園甲部から南に※下がると宮川町の家並みを見ることができるが、※一力亭《いちりきてい》に代表されるような立派な建物のお茶屋はほとんどなく、間口の広さを見ると小さなごく普通の規模の町家のお茶屋が多いのがすぐにわかる。そして、お茶屋の格子戸が新しくきれいなことにも気がつく。つまり、建物を手直しした、あるいは、新築したお茶屋がこの町にはたくさん見受けられるのだ。花街ごとの売上規模といった数字は明らかにされていないが、街の家並みの様子と舞妓さんの人数が増えていることを考え合わせると、お茶屋と置屋の兼業という流れが、経営的によい効果をもたらしていることが推測される。

※下がる　京都では南へ行くことを「下《さ》がる」、北へ行くことを「上《あ》がる」という。

※一力亭　祇園甲部にある、京都花街最大のお茶屋。大石内蔵助が滞在したことでも有名。

一人置屋

東京では料亭と※芸者屋の兼業が規制されていたという歴史があり、兼業しているところは非常に少ない。ただ、向島では料亭と芸者屋の兼業が比較的多く見受けられ、若い芸者さんが多い活気ある花街となっている。一方東京のほかの花街では、置屋は専業であることが多く、その多くが一人置屋と呼ばれるような、自前さん芸妓さん一人だけが所属する置屋を、自分で経営している形態が一般的である。しかも、芸者さんたちはマンションなどに居住し、そこが置屋業の営業場所でもある。この東京の置屋の現状と住宅事情では、芸者さんになりたくて地方からでてきた希望者が、京都のように住み込み修業することは困難だ。

本来であれば、伝統文化とはかけ離れた現代的な生活をしてきた芸者さん希望の若い女性たちが、その立ち居振る舞いを少しでも早く磨き、さらに芸事の上達のために基礎を繰り返し練習するためには、指導者と一緒に生活することが望ましい。実際、東京でも事情が許せば芸者屋に住み込み、芸者さんに育成されている若い女性たちもいる。しかし、これはあくまでも事情が許せばという話である。

京都では、芸舞妓さんになるためには、親元を離れて置屋でお母さんや先輩の芸舞妓たちと暮らすことが必須である。現代っ子が個室もなく、厳しい上下関係の中で暮らすことは想像以上に大変だ。やる気と覚悟があったとしても、やはり実際に体験すると、芸舞妓さんになる前に辞めてしまう少女たちもけっこういる。また、置屋側にとっても、自宅で少女たちの生活から芸事まですべて面倒をみることは大変である。考え方や生活様式のちがいを説明し、納得させ、そのうえで努力を促し続けることが、毎日毎日繰り返されるのだから、置屋のお母さんには体力が必要だという。高齢化したお母さんが育成を続けることには困難がともなうが、一方でこうした「仕込み制度」による密度の濃い教育期間を経るからこそ、まったく芸事の経験がなく京言葉も話せなかった少女たちが、短期間でプロになれるのだ。

※**芸者屋**　置屋にあたる業種を、東京ではこう呼ぶ。

育成制度と取引

こうした京都花街の強さの秘密の一つである芸舞妓さんの育成制度と、お茶屋を中心とする取引の仕組みを調べてみると、人と人のレベルだけでなく、人と仕組み、仕組みと仕組みという連関において、情報の緊密なやりとりがあり、つながりができあがっていることが、浮かびあがってくる（図表8−1）。

たとえば、芸舞妓さんたちの育成には、お座敷だけに限らず、踊りの会や花街の行事など多様な場面でたくさんの人たちがかかわる。そして、彼女たちの努力の内容をきちんと理解し評価できる技量が顧客をふくむ周囲の人々にあるから、技能がチェックされ、「おもてなし」と呼ばれる目に見えないがたしかに感じられる質の高いサービスの提供に結びついている。

さらに、だれがどこでどのようなことをしたのか、どういったレベルの技能をもっているのか、といった情報はすぐに花街の中で伝達される。一見すると非常に狭い住みにくい世界のように思えるが、緊密な情報伝達があるからこそ、常に質のチェックがされ、業界として価格競争ではなく質の向上を目指す適正な取引が成り立つのだ。住み込みで育成期間をすごし、濃密な人間関係のメリットを理解することができた花街の女性たちが、今度

図表８−１　花街の取引システムと評価

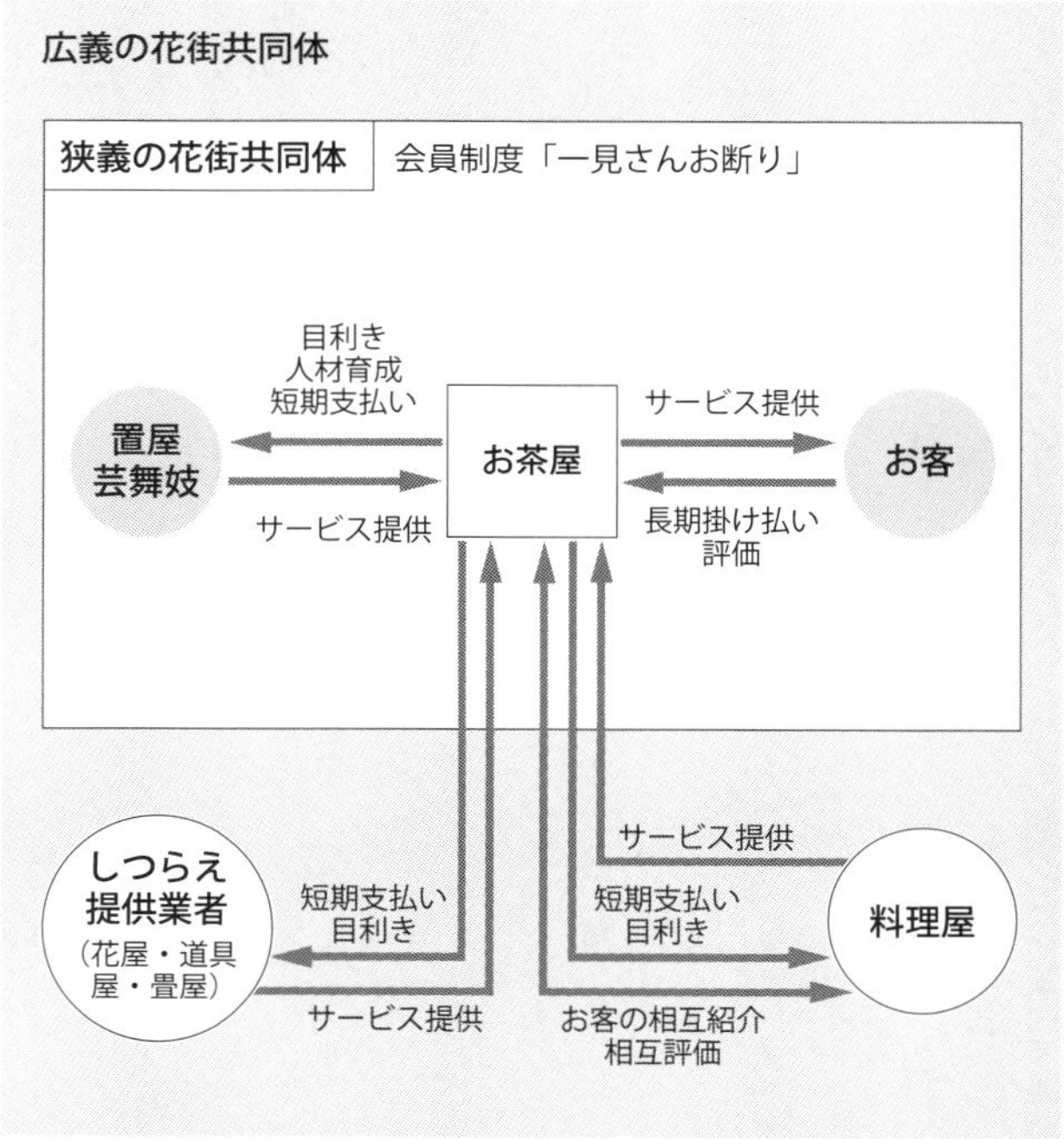

は自分が育てる側や経営者側に立つ。そんな連鎖が京都花街では成り立っており、継続的に人材が育成されているのだ。「おもてなし」というサービスの質は、芸舞妓さんの質に大きく左右される。芸舞妓さんたちだけでなく、彼女たちの育成にかかわるお姉さんやお母さんたちが、この連鎖の中でまさに「人財」という資源として花街の中に蓄えられて、京都花街の競争力につながっているのだ。

さらに、この人材育成の連鎖に顧客もきちんと組み入れられ、その質を理解し対価を支払うからこそ、需要と供給のバランスが成り立っている。「一見さんお断り」という、新規顧客を開拓し市場を広げる制度とは相反する閉鎖的な制度は、適正な価格で定期的に購入する顧客（＝一定の需要）の見込みがしやすい制度である。しかも、長期継続的な顧客との取引は、その顧客の信用情報の蓄積につながり、顧客の与信管理にもなっているのだ。

意思決定の秘密

次に花街の経営主体の意思決定について見ていこう。特定の企業なら、そこには組織図があり、役職による権限が決められ、指揮命令系統のもと、組織が動いていく。戦略がどう決められて実行されているのか、ガバナンスの仕組みはどうなっているのか、といったことを探っていくことは、外部の人間にとってもある程度は可能である。

しかし、花街は、自営業者である芸妓さんといった個人やお茶屋や置屋など小規模事業者の複合体であり、特定のだれかが全体を統括している組織ではない。もちろん、お茶屋業組合、芸妓組合、歌舞会、女紅場など、いくつかの権限をもつ制度がそこにあり、制度ごとに役員が決まり運用されている。また、花街組合連合会という五花街を横断する組織もある。しかし、この組織のトップが花街全体の戦略を決定するような業界のトップというわけではない。

京都の五花街は、「※五花街合同公演」のように、場合によっては協力もするが、京都という狭い地域の中で、それぞれが自分の地域にプライドをもち、競争を続けている。東京の花街のように※一等・二等などとランクづけされた経緯がないために、地域ごとの特徴を意識しつつ競い合い、そのよさを顧客に訴えるための努力が常になされている。たとえば、五花街で開催される踊りの会は花街によって流派が異なり、演目にも特色がある。また、舞妓さんのデビューのための試験も、花街ごとに課題曲が異なっている。

ビジネスをとりまく環境が変化した場合、どのように戦略を変更するのかは、重要な問題だ。企業なら生き残りをかけて必死で戦略を立案し、組織内部にその徹底をはかるものだが、京都花街ではそうした全体としての意思決定の仕組みそのものが、よく見えない。しかし、全体としての意思決定の仕組みがないにもかかわらず、五花街を見ると、環境変化に適応するためと思われる共通の制度が作られている。たとえば踊りの会は、祇園甲部と先斗町が明治五（一八七二）年からはじめたが、他の花街もその後開催し、今ではすっかり定着している。また、一花街一流派という踊りの統一性や、各花街に育成のための学校制度があることも共通だ。また京都花街のシンボルである舞妓さんという制度も、以前は五花街すべてにはなかったのだが、昭和三〇年代半ば以降には、どの花街にも見受けられるようになっている。

※**五花街合同公演**　「都の賑い」と呼ばれる、毎年六月に開催される京都五花街の合同公演。二〇一三年で第二〇回をむかえた。

※**一等・二等**　東京の柳橋・新橋はかつて一等とランクされた花街であった。岩下尚史『芸者論』を参照。

意思決定の主体

実は、共通の制度がありながら全体としての意思決定の仕組みが明確ではないという、一見合理性に欠けるように見えることが、環境変化にあわせて仕組みを作り、既存の制度の変化を促し、京都花街の競争力の源泉になっている、大きなポイントなのだ。

京都では花街は非常に狭い地域に集中しており、地域間競争が長期的に続いている。し

図表8－2　文化と制度と花街

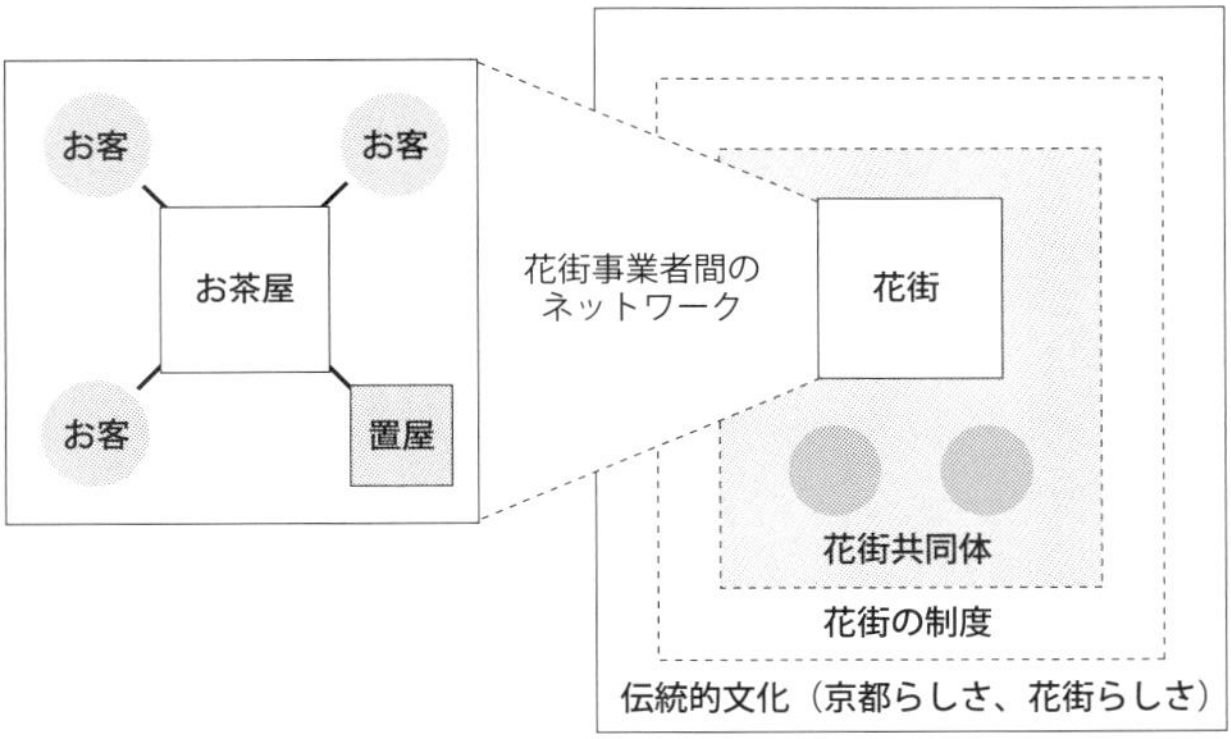

かも各花街でも同業者が集積し、業者間の競争が激しい。だから、伝統文化産業といわれながらも、単に昔から続いていることを続けるだけでは、生き残れない。置屋やお茶屋、あるいは独立自営業者である自前さん芸妓さんは、顧客の要望をつかみ時代にあわせる努力、しかも自分なりのよさをだす工夫をしないと、長期間にわたって事業を継続することができない。

かといって、花街の人たちが新規のとり組みに好意的というわけでもない。新しいことに挑戦する人には、周囲からバッシングがあるのも事実である。しかしその人のリスクでやっているのだから、お手並み拝見という雰囲気がある。そして、結果うまくいくとなると、みんながそのとり組みを自分でできる範囲で、さっと真似るのだ。お母さんやお姉さんなど、筋と呼ばれる緊密な人間関係によって情報が共有されているので、新しい仕組みが成功すると、そのやり方がすぐに伝達されていく。

個々の事業者が環境に適応するために、京都花街という特色を活かしたうえで工夫を重ねる。その行為が花街の規範から逸脱するものであれば、周囲との縁を切られてしまうが、京都花街らしい範囲のものであると認められ、かつ利益があがるものだとわかれば、各人が自分のリスクでとり入れていく。花街共同体に属する個々の事業者が意思決定をしているが、明文化されていない京都らしさや花街らしさという文化的規範の中で、環境にあわせた自分なりの創意工夫をする自由が根底に共有されているので、花街全体として明確な意思決定主体はないが、そのよさを維持しながら既存の制度をかえ、「おもてなし」提供のための新規の仕組みを創出することにつながっているのだ（図表8－2）。

ダイナミズム

たとえば、お茶屋バーという仕組みも、当初考えた方にはずいぶん風当たりが強かったと聞いたことがある。ところが、そのやり方がうまくいくことがわかった今では、※お茶屋バーという形態は、京都花街ではごく普通のものとして、すっかり定着している。

また、ホームページによる情報発信もそうだ。お茶屋がホームページを開設したり、芸舞妓さんたちがブログをもったりしていることは、最近ではよくある事例になっている。

ホームページ上で芸舞妓さんのなり手を募集しているお茶屋業組合もある。しかし、最初にホームページを作成した芸妓さんは、やはり周囲からいろいろといわれたらしい。ホームページという個人でも世界につながることができる情報発信のツールを使って、花街について適切な情報を伝える努力をしたことで、この芸妓さんは徐々に周囲の理解をえることができたという。

また、大手旅行代理店と提携して、花街を訪れたことがない人をお茶屋のお座敷に迎える試みもされている。旅行代理店の会員組織を利用して、一度はお茶屋で食事をして芸舞妓さんと遊んでみたいというういわゆる「一見のお客」をある程度の数募集し、その人たちをお茶屋のお座敷にあげて、芸舞妓さんたちを呼び、仕出屋から料理をとってもてなすのだ。「お茶屋に行ってみたかったけれど、どうしていいのかわからなかった。この企画があるので、一人でも気軽に参加でき、念願の舞妓さんと一緒に写真もとれてうれしい！本当に今日は参加してよかった」と話すお客の様子を見ていると、旅行代理店を経由させることで一見さんお断りの慣行を破ることなく、顧客の裾野を広げるお茶屋の努力が、京都花街のファンを増やしていることがよくわかる。

京都花街では、小規模事業者が絶えずいろいろな新しい試みをして切磋琢磨し、時代にあわせて適応する柔軟さをもっている。また、事業者ごとの規模が小さいために、周囲の様子を見て、よいと思うことは、自分もすぐにとり入れることも可能である。変化への適応力と対応力が街の一つひとつの事業者にあり、それが環境変化への適応というダイナミズムを生み出す基盤になっているのだ。

さらに、花街には大手企業、伝統文化産業、地場産業など継続的取引のある顧客に連れられて、その時代時代に隆盛の企業（今ならＩＴベンチャー企業など）の顧客もやってくる。つまり、経済や社会情勢の変化を、顧客という窓口をとおして非常に敏感にキャッチすることができるのだ。顧客の情報が営業のための基礎情報であるから、このアンテナは鋭敏だ。伝統的な業界だから外部環境に対してアンテナをもっていないという思い込みを、私たちはもっていないだろうか？　サービス業として一流であり続けたからこそ、外部環境の変化の情報をとり入れることが、案外簡単だったのだ。だから、伝統と呼ばれる一方で、環境に適応するダイナミズムを生み出す素地も育つのだ。

※お茶屋バーという形態は……　東京の割烹料亭ではなかなか実践しにくいと思われる。

変化への対応

さてここで、なぜ京都花街が継続的に芸舞妓さんたちを育成することができたのかを、この「伝統の中にあるダイナミズム」という視点を用いて考えてみたい。ここで重要なポイントは、時代が流れる中で、日本全国どの花街にも共通する芸舞妓さんの人材育成上の大きな変化に、京都花街がどのように対応したのかを見ていくことだ。

花街のサービスの源泉は、芸舞妓さんという人材である。彼女たちが顧客の満足度を高める技能を披露し、その街ならではのよさを体現することができるかどうかに、花街の浮沈は大きくかかっているといっても過言ではないだろう。その中で、後継者である若い世代（京都なら舞妓さん、東京なら半玉さんあるいはお酌さん）を育成することは、次の世代を育て、花街を活性化させるうえでとても重要なことだ。しかし、ここ六〇年ほどの間に、花街の人材育成において大きな二つの変化があった。一つは、なり手の減少と人材の質の変化である。もう一つは、戦後の学校制度の変革による、人材育成の期間の減少という変化である。

まず、なり手の減少と人材の質の変化については、置屋とお茶屋の兼業化という京都花街における最近の新しい傾向がこれに対応していることは先述したが、この兼業化で、この問題がすべて解決できるわけではない。

ここ十数年ほど、芸舞妓さんになりたいという京都以外出身の希望者が一定数いる。しかし、希望者たちが、花街という伝統的な共同体の一員になることに、現代的な個人主義的考えから抵抗感をもつことも多く、仕込みや年季期間の共同生活に耐えられずに、育成の途中で辞めてしまうということもおきている。置屋とお茶屋を兼業化して育成の密度をあげても、こうした若者の考え方の変化そのものへの対応はできなかったのだ。

さらに、第二の学校制度の変革による、人材育成の期間の減少が、この問題点の解決をより難しくしている。つまり、義務教育修了後に花街に住み込んで育成されるので、ある程度自分なりの考え方というものができあがっていて、上下関係にもとづく花街の慣習に拒否反応を起こすことが多くなっているのだ。

制度の利用

京都花街は、この変化に対して、花街にもともとある制度を積極的に活用したり、制度を設立当初とは異なった意図をもって利用したりすることで対応してきた。変化への対応のために、制度を柔軟に使っているのだ。以下では「仕込みと年季」「学校制度」「舞妓さんという制度」について解説していく。

仕込みと年季

京都花街では、まず仕込みさんとして置屋に住み込む。舞妓さんとしてデビューしたあとも「年季」という、奉公ともいえるような住み込み修業の数年間が、育成制度として堅持されている。個人主義的な考えにもとづき意思表示のはっきりした現代っ子たちにとって、プライベートな空間や時間がほとんどない住み込みの時期が数年間続くことは、精神的にかなり辛いことである。「ぜひ舞妓さんになりたい！」とやってきた少女たちが、いざ住み込みの生活をはじめると、一カ月もたたないうちに辞めてしまうことはそれほど珍しくはない。変化への対応ということなら、年季という制度も変化する、あるいはまったく別のものになっていてもおかしくない。実際に東京では、住み込みで若い人を預かり育てることはかなり難しくなっており、現在では制度と呼べる状況ではない。

しかし、京都花街では、自分で考え自分なりの方法で何事も解決するという現代の教育で重視される自主性を伸ばすよりも、共同生活という血縁関係のない人との深い関係性の中で育成される経験を通じて、一人では何もできないことをまず教える。お座敷では複数の人たちの緊密な共同作業が、仕事経験豊富な先輩のリーダーシップによって成り立っている。先輩の所作やちょっとした言葉で、一緒に仕事をする人たちは阿吽《あうん》の呼吸と形容されるような自然な流れで、その意図を理解し各人が役割を果たしていく。したがって、先輩の意図を理解しない自分なりの判断にもとづく自主的な行為は、自分勝手な振る舞いになり、「おもてなし」のサービスにかかわるすべての人の調和を乱してしまう。お座敷という仕事の場でこうした振る舞いが続くと、顧客へ提供するサービスの質の低下につながる。だから、毎日の共同生活を通じて、上下関係をきちんと守る、日ごろから他人の気持ちを思いやる、何をどうすべきかを常に察知する、という経験を積み重ねさせ、育成しようとするのだ。

「よそさんの大切な娘さんを預からしてもらうさかいに、ほんまに責任の重い大変なことどす。そやけど、ほんまは中学校卒業まで待ってられへんのどす。できることやったら、なるべく早う、学校を卒業しゃはる前からここの生活に慣れてもろうて、お姉さんが無理難題を押しつけはるのやのうて、ここでは一人ではなんにもできひんさかいに、舞妓はんになってやっていくためには、よう上の人の言うことを聞かんとあかんことを知ってほしいのどす。姉さんの言わはること、周りの人が言うてくれはることは、十分に意味があることなんやと、よう本人にわかってもらいたいんどす」と話すお母さんもいる。つまり、住み込み経験で花街の人間関係の重要性を理解することが育成には不可欠であり、だからこそ、お母さんにとっても荷が重い住み込みの年季期間を維持し、育成者としてその制度を積極的に利用しようとしているのだ。

学校制度の活用

また、花街を辞めた場合の職業教育のために明治期に作られた女紅場を、現代では芸舞妓さんの基礎的な伝統文化技能のための教育の場として、制度設立当初の意図とは異なる目的で活用している。しかも、この女紅場では伝統文化技能の基本となる「型」が、家元などその流派の一流の師匠たちによって教えられている。そして、女紅場には芸舞妓さんが現役であるかぎり通学する必要があるので、そこで複数の先輩の型を見覚える機会が充実する。上下関係の厳しさもあるが、芸の習熟度など先輩との技能差を目のあたりにする機会を多くもつことができるので、先輩芸舞妓さんへの尊敬の念を抱かせることも可能となる。

さらに、花街の踊りの会に学校が全面的に協力するので、芸舞妓さん全員で舞台を盛り上げる経験を通じて、花街としての一体感が培われることになる。そのうえ、技能発表のために芸舞妓さんたちが互いの技能をチェックし協力する場をもつことができ、これがお座敷での芸舞妓さんたちの高度な即興性を支える要因ともなっている。また、先輩が後輩にお稽古をつけるなど、踊りの会開催という機会を通じて指導される経験を新人がもつことも多く、上下関係があることのメリットを理解することにもつながっている。

さらに、踊りの会開催中の忙しさは、仕込みさんたちや舞妓さんになった直後の新人さんに、仕事の厳しさを経験する機会を提供する。早朝からの支度、舞台、お座敷という忙しさは、これから花街の中でずっとがんばることができるのかをキャリアの早い段階で自覚させ、花街で努力を続ける意思の乏しい新人には、早めの退出を促してもいる。学校の発表会という体裁をとっている踊りの会は、観光産業という視点からも重要な仕組みであるが、人材育成のうえでは、本人の自覚という今後のキャリア形成上の重要なポイントになり、厳しい環境の中で、いろいろなコンフリクト（葛藤）があっても、それを乗り越えていくことができる人材を選別する場にもなっている。

舞妓さんという制度

また、一〇代半ばから二〇歳ぐらいまでしかできない舞妓さんという制度そのものが、現代っ子の少女たちのモチベーションにつながっている。京都では、地毛で日本髪を結う、だらりの帯を結ぶ、おこぼを履くなど、舞妓さんらしさを維持するということに関して、かたくなにその制度を守ろうとしている。

コストと手間を考えると、日本髪を結うよりも芸妓さんのようにかつらにしたほうが合理的だ。また、動きにくく高価なだらりの帯を少し短くしたり、歩きにくいおこぼをぞうりにしたりするという簡略化も可能である。むだではないかと指摘されるようなことがずっと継続しているのは、こうしたディテールにこそ、舞妓さんらしさ、京都花街のシンボルとしての舞妓さんの特徴があるからだ。そして、京都花街でしか実現しえない舞妓さんらしい豪華な装束に花かんざしが美しい日本髪は、なり手の質の変化に左右されることはない。舞妓さんの装束を身につければ、京都以外の出身者で京言葉に不慣れでも、芸事が多少未熟でも、皆が舞妓さんであると認めてくれる。他では真似できないディテールによって舞妓さんという制度が保たれるからこそ、仕込みさんなら慣れない住み込み生活に努力してみようと思い、新人の舞妓さんならやっと舞妓さんになれた、この格好が大好きだからがんばるというモチベーションを喚起することができるのだ。

見世出しや衿替え、踊りの会、始業式など、伝統的と呼ばれるような花街の節目や季節の行事には、芸舞妓さんたちの晴れ姿を写真にとるために、多くのカメラマンがやってくる。しかもこうした模様は新聞やテレビにとりあげられることも多い。舞妓さんの装束は、変化がないからこそ、周囲の注目を集め、若い女性を惹きつけ、あこがれを育て続けるのだ。

このように、京都花街では外部環境の変化に対応し芸舞妓さんという人材を育て続けるために、仕込みや年季制度、学校制度や舞妓さんという制度など、伝統的な複数の制度がうまく利用されてきたのである。

制度的叡知

京都花街と大阪や東京の花街を比較すると、環境の変化に適応する能力の差という点が、浮かびあがってくる。

大阪の「南地大和屋」の事例から、一つの事業者が高品質のサービスをある程度多量にしかも恒常的に提供する戦略の問題点が浮かんでくる。おもてなしという目に見えないサービスの質をよりよくするために、複数の事業部門を統合してそれらすべてをコントロールしようという戦略は、品質という面を考慮すると間違いはない。しかし多額の設備投資を必要とし、在庫を抱えるために、景気変動という環境変化には非常に弱い。景気が安定的に拡大し、顧客の質が維持されつつ増加することが前提となった戦略だからだ。

また、東京の事例から、業界の規制が変革のダイナミズムを奪ってしまうことがわかる。お出先という供給地域の限定は、業者に安定をもたらし質の高いサービスの提供につながるが、他の地域の情報を積極的にとり入れる個々の事業者の努力が減り、地域としての活力は育たなくなってしまう。その結果、自分の営業地域に固有のやり方を踏襲するという、変革を生み出すダイナミズムの否定につながるような戦略決定をしてしまう。提供するサービスの質が高くても、それが市場にマッチしたものでなければ、利益をあげることはできない。だから顧客の嗜好の変化に対応することができず、また顧客の新規開拓にもつながらなかったのだ。

京都花街も、戦後の復興期や昭和四〇年ごろ、あるいはバブル期と比較すると、業界としての規模は縮小している。しかし、どの企業も困っている若手人材の育成の難しさ、またリクルートの難しさにも対応して、現在でも継続的に一定数の若い芸舞妓さんたちを市場へ送り出し続けている。お茶屋でのお座敷利用というニーズは減少しても、顧客のニーズの変化に対応し、お茶屋バーという形態を作り出し、ホテルや料理屋、イベントへの出張、観光行事などさまざまな場へ芸舞妓さんたちの活躍の場を広げている。

こうした様子を見ていると、その経営は安泰と呼べるものではないが、景気の変動にも顧客の嗜好の変化にも対応し、爆発的強さはないがしのぎつつ継続していく智恵が、この業界にあることを実感する。しかもその智恵は、特定のカリスマ経営者が意思決定するものではなく、といって、業界として重要な意思決定機関があって、一つひとつの事業者にその決定が徹底的に要求されるというわけでもない。

伝統的といわれるような、以前からある複数の制度、一見すると古臭い非合理的な仕組みに見えるものこそが、環境変化に適合し、応用して運用されて、業界全体が長期に継続する「※制度的叡知」となっている。仕込みさんや年季に代表される「置屋での住み込み」、女紅場と呼ばれる学校による「Off‐JT」と現場の仕事経験を通じた学習「OJT」とが緊密に結びついた「By the Job Learning」の仕組み、価格競争をさけ質を競う「一見さんお断り」、顧客情報にもとづき提供するサービス・コンテンツをアウトソーシングする「お茶屋業」など、この本でとりあげたさまざまな制度は、取引という市場のメカニズムによって結ばれている。

特定の一人に頼ることなく、業界内で情報を共有し、顧客の満足度を常にチェックし、取引関係に反映する。しかも規模拡大を目指さずに、価格競争を避けて質の高いサービスを提供し続けるための努力に経営資源を投入する。そんな仕組みを「伝統」と一言で片付けるのは、惜しくはないだろうか。

きちんとしたものを提供し、それを、顧客は適切な価格で購入する。そして常に顧客の満足度に気を配り、次のサービス提供に活かす。花街で繰り返されている経営努力はシンプルだ。しかし、業界の一人ひとりが「おもてなし」の仕組み作りにかかわり、それが自然に選択され、業界の共同利益を生みだすダイナミズムとなっている。この流れは、一人だけが生き残ってもこの地域が廃れれば、結果として自分も廃業することになるという、お茶屋や置屋のお母さんや芸舞妓さんたちの、産業集積地である花街を思う必死さによって作られている。

私たちは市場という言葉を聞くと、それが永遠に拡大可能であるといった前提に立ちがちだ。しかし、京都花街では、地域や顧客数はある程度限られたものであり、この市場は刈りとってしまわずに、継続的にしかもみんなで手入れして※シェアすべきものだという前提のうえに、ビジネスが成り立っていることがわかる。この花街への思いは顧客にも共通の思いであり、それがあるからこそ、特別な機関や設備をもたずコストがかからない評価情報の共有が実現され、取引制度がフェアに運用されているのだ。

一見すると、「伝統」だとかあるいは「文化」だとかという言葉で片付けられるような業界だが、花街はまさに環境変化に対応する力をもつダイナミズムをもったビジネスの現場である。しかも、この街には、環境の変化に応じて、既存の制度を複数組み合わせて運用したり（学校と踊りの会のリンク）、また制度そのものを積極的に活用したり（人材育成の制度や舞妓さんの制度）することもある。さらに、大きな変化に適合する新しい制度が内部から生まれてくることもある（お茶屋バーやホームページ）。

京都花街は、歴史の中の街ではなく、ずっと生きているビジネス・システムなのだ。お客の期待を裏切らず、お客の想像していた以上のものを提供しようと、花街のメンバーみんなが日々一生懸命努力するからこそ、私たちは、今も京都花街に惹きつけられるのだろう。

※**制度的叡知**　日本の地域産業にはビジネス・システムとして、人材育成・長期継続的アウトソーシング・競争の促進と制御という三つの特徴があり、加護野忠男「取引の文化――地域産業の制度的叡智」はそれらを「制度的叡知」という言葉で説明している。

※**シェアすべきもの**　花街という共同体から離脱することは今までの努力や投資を無駄にしてしまうため、共同体のメンバーたちは花街に対する忠誠という愛着をもとに発言する可能性が広がることが考えられる。Hirschman, *Exit, Voice, and Loyalty* を参照。

おわりに

「GEISHA！」

着物姿の筆者に、街角のカフェのお客から声がかかった。二〇〇二年夏、クロアチアの首都ザグレブを、京都市の友好交流使節団の一員として訪れたときのことだ。この海外での思いがけない一言がきっかけとなり、一年後、経営学の博士論文のテーマに「舞妓さんのキャリア」をとりあげることになった。そして、二〇〇六年春に京都花街の芸舞妓さんたちのキャリア形成と花街の制度についてまとめた博士論文が完成し、その年の六月に学会で研究成果を発表した。そのおりに、「興味深いご研究ですね、博士論文をもとに、本を執筆してみませんか？」と、また思いもかけないご提案をいただくことになった。それから一年、この本を手にとって読んでくださっている読者の皆様がおられることが、今もまだ筆者には信じられない、そんな思いで一杯である。

研究者としてのキャリアの出発は、ずいぶん遅いものだった。二〇歳で短大を卒業後、一般企業に就職。結婚、退職、子育て、再就職、両親の介護と見送りを経て、社会人学生として大学進学。そして別居、離婚。息子たち二人に支えられながらの新生活のスタート直後に、「落ちたらすっぱりあきらめて、しっかり働きや！」という息子の言葉に励まされながら大学院受験と進学を果たした。十数年という短期間にキャリアの節目をいくつもくぐる、この節目のデパートのような経験が、現在、女性のキャリアへの関心とキャリア形成に関連する制度を研究したいという意欲につながっている。

たくさんの個人的な出来事と、それがもとにできあがった問題意識、生まれ育った京都を少し離れて見直してみた経験が大きな糧になり、伝統文化産業の継続の秘密の源泉を、京都にしかいない人材＝芸舞妓さんたちの育成過程を追うことで探ろうという本書へと結晶したように思う。

「人生に遅すぎるということはない、気がついたら、そこで努力することが大切や、世界に通用する一流の研究者を目指せ！」と、懐深く筆者を受け入れ、過分な期待と緻密なアドバイスをくださった金井壽宏教授。「非合理的に見えることの裏にある合理性、おもしろいなぁということを直観的につかみや！」、研究者として心眼を磨けという加護野忠男教授の深いご示唆。そして「京言葉のインタビュー調査とお座敷での参与観察、人生経験豊富で京都で生まれ育ったあなたやからできる研究ですね！」と、遠回りの経験を活かし真摯に調査研究に取り組むことの大切さを教えてくださった、桑原哲也教授。神戸大学大学院経営学研究科のこの三人の指導教員に出会えたことが、未熟な筆者がここまで導かれたもっとも大きな幸運だったと思う。

京都花街のお茶屋や置屋のお母さんたち、芸舞妓さんや元芸舞妓さんたち、さらに関連業界や団体のたくさんの方たち、そして参与観察の機会を与えてくださった京の花街ネットワーカー後援会の皆様、大津や東京の花街の方たちなど、調査研究にご協力くださったすべての方々、お一人おひとりの名前を挙げることは紙面の都合上できないが、皆様のご尽力とご協力のお陰で、研究を継続することができ、初めての著書にまとめることができた。花街は外部から垣間見ることができない特別な世界のように思われがちだが、そこには深く篤い人間関係があり、ご縁をいただいた多くの方から、書籍や資料の提供をはじめ、たくさんの大変有意義なお話をうかがうことができたのだ。ここに心より深く感謝申し上げる。もちろん、本書にありうべきいくつかの誤りや誤解はすべて筆者の責任であることを、あわせて申し上げておきたい。

また、滋賀大学時代の恩師や学友、神戸大学大学院の先生方やゼミの先輩や仲間たち、離婚・進学という人生の再スタートを温かく見守ってくれた友人たち、見知らぬ土地大津でとまどう筆者を温かく迎え研究をサポートしてくださった多くの知人たち、出版は亡き両親が一番喜ぶことだと応援してくれた伯父や伯母たち、そして、とんでもない母親にハラハラしながらもずっとそばで支え、時には心配してくれた息子たち。たくさんの心温かい励ましをくださった皆様にも、深く御礼を申し上げたい。

本研究の費用の一部は、神戸大学大学院経営学研究科ＣＯＥ研究費により賄うことができた。ここに深く感謝申し上げる。

最後に、東洋経済新報社の桑原哲也氏（指導教官の桑原先生と同姓同名で、何かのご縁を感じる）は、不慣れな執筆にとまどう筆者に多くの助言と絶え間ない励ましをくださった。本書を出版するにあたり、桑原氏のご尽力に心より感謝申し上げたい。

二〇〇七年七月　祇園祭のころに

◆◆◆

金沢五〇名、新潟二六名。京都や東京以外の代表的な花街の芸妓さんたちの数からわかるように、日本各地に「おもてなし」を担う芸妓さんたちがいます。

単行本を出版したあと、日本各地の花街を訪れる機会に恵まれ調査を重ね、たくさんの芸妓さんたちや料亭の経営者の方たちに、実状を伺いました。

明らかになったことは、「おもてなし」の質には違いがないということです。

私がお伺いしたどの地域でも、来ていただいたからにはご一緒したからには楽しんでいただこうという芸妓さんたちのお気もちと、彼女たちの心もちに配慮しお座敷を務めてもらおうという料理屋さんや料亭さんの経営者たちのご様子は、京都花街とかわりませんでした。そして、その行動を生み出す背後には、お客さまをよく見て情報を汲み取ってできるだけの対応をしようというサービス提供側の顧客本位の姿勢と、日本的な伝統技芸を磨き続ける、あるいはうちならではのしつらえを整えるという、プロフェッショナルとしての矜持が、どの地域でも明確にあるからでした。

一方、京都と他の地域との違いをあげるとすれば、「舞妓さん」という仕組みだといえます。外部の人材を受け入れて、専門教育をしながら現場で指導しつつ数年間見守り育て、芸妓というキャリアの節目を明確にし、さらに独立自営業者の芸妓さんへと育成するという、新人から数年以上時間をかけてキャリア形成するプロセスの制度化への対応が、京都では他の地域より早く組織的にできたということです。

この新人及び中堅層への人材育成の必要性は、他の地域でも、新しい動きを生み出していいます。今後も、日本独自のおもてなしというサービスを提供する人材育成について、京都花街の研究を基盤に探究を続けていきたいと思います。

複数の花街の調査にご一緒いただいたライターの浅原須美さん、新潟大学の岡崎篤行先生には、文庫化にあたって貴重なデータのご提供も賜りました。心から感謝いたします。

また、各地域の花街でお世話になった皆様、お一人おひとりのお名前を上げることができませんが、拙い研究者にご協力を賜りましたことを、あらためて御礼申し上げます。

最後になりました、中央公論新社の齊藤智子さんには、本当にお世話になりました。

二〇一四年二月一四日

西尾久美子

参考文献

相原恭子『京都舞妓と芸妓の奥座敷』文藝春秋、二〇〇一年
相原恭子『京都花街もてなしの技術』小学館、二〇〇五年
明田鉄男『日本花街史』雄山閣出版、一九九〇年
浅原須美『東京六花街』ダイヤモンド社、二〇〇七年
生田久美子「『わざ』の理解」『岩波講座教育の方法8　からだと教育』岩波書店、一九八七年
池上英子『美と礼節の絆』NTT出版、二〇〇五年
入江敦彦『イケズの構造』新潮社、二〇〇五年
岩崎峰子『芸妓峰子の花いくさ』講談社、二〇〇一年
岩下尚史『芸者論』雄山閣、二〇〇六年
遠藤保子『三世井上八千代』リブロポート、一九九三年
岡本祐子編著『アイデンティティ生涯発達論の射程』ミネルヴァ書房、二〇〇二年
加護野忠男『〈競争優位〉のシステム――事業戦略の静かな革命』PHP研究所、一九九九年
加護野忠男「京都・祇園に学ぶ『アンバンドリング』という手法」『プレジデント』二〇〇五年八月一五日号
加護野忠男「取引の文化――地域産業の制度的叡智」『国民経済雑誌』二〇〇七年七月号

金井壽宏『働くひとのためのキャリア・デザイン』ＰＨＰ研究所、二〇〇二年
金井壽宏・髙橋潔『組織行動の考え方』東洋経済新報社、二〇〇四年
佐藤郁哉・山田真茂留『制度と文化』日本経済新聞社、二〇〇四年
佐藤郁哉『フィールドワーク　増訂版』新曜社、二〇〇六年
杉田博明『京の花街祇園』淡交社、二〇〇三年
全国料理業生活衛生同業組合連合会和宴文化研究会編著『おもてなし学入門』ダイヤモンド社、二〇〇七年
南地大和屋著『大和屋歳時』柴田書店、一九九六年
西尾久美子「伝統文化産業におけるキャリア形成と制度――京都花街の芸舞妓の事例」神戸大学大学院経営学研究科博士学位論文、二〇〇六年
西尾久美子『舞妓の言葉――京都花街、人育ての極意』東洋経済新報社、二〇一二年
早崎春勇『祇園よいばなし』京都書院、一九九〇年
藤花・萩花・桃花・菊花『舞妓の反乱』データハウス、一九九五年
溝縁ひろし『はんなりと』京都新聞出版センター、二〇〇四年
村田英子『京都「菊乃井」大女将の人育て、商い育て』朝日新聞社、二〇〇三年
山本雅子『お茶屋遊びを知っといやすか』廣済堂出版、二〇〇一年
渡会恵介『京の花街』大陸書房、一九七七年
『祇園』淡交社、一九九五年
Dalby, L., *Geisha*, University of California Press, 1983（入江恭子訳『芸者』ティビーエス・

ブリタニカ、一九八五年）
Golden, A., *Memoirs of a Geisha*, Random House, 1997（小川高義訳『さゆり（上）（下）』文藝春秋、一九九九年）
Hirschman, A. O., *Exit, Voice, and Loyalty*, Harvard University Press, 1970（矢野修一訳『離脱・発言・忠誠』ミネルヴァ書房、二〇〇五年）
Wenger, E., *Communities of Practice*, Cambridge University Press, 1998

◆**報告書**

全国料理業環境衛生同業組合連合会『全国花街報告―花街における芸妓の現状―東日本編』一九九六年
全国料理業環境衛生同業組合連合会『全国花街報告―花街における芸妓の現状―西日本編』一九九七年
Atsuyuki OKAZAKI, Noriko HOKARI, Yoichi IMAMURA, *"Kagai" Traditional Entertainment Districts: Their Present Condition and Conservation Journal of International City Planning*, pp. 373-381, 2012. 8

◆**ホームページ**

おおきに財団　http://www.ookinizaidan.com/
上七軒　http://www.maiko3.com/

上七軒尚鈴・芸妓日記　http://www.nakazato.net/weblog/
祇園甲部　http://www.miyako-odori.jp/
祇園東　http://www.gionhigashi.com/
京の花街ネットワーカー後援会　http://kyoto-rakuyu.net/hanamachi/
先斗町　http://www1.odn.ne.jp/~adw58490/
宮川町　http://www.miyagawacho.jp/
宮川町芸妓さん、舞妓さんのページ　http://kyoto-rakuyu.net/koito/index.html

本文写真　西尾久美子
東洋経済新報社
本文イラスト　あしはらたいじ
ＤＴＰ　市川真樹子

『京都花街の経営学』（二〇〇七年九月、東洋経済新報社刊）を改題、補筆・修正のうえ収録

中公文庫

おもてなしの仕《し》組《く》み
——京都《きょうと》花街《はなまち》に学《まな》ぶマネジメント

2014年3月25日　初版発行
2017年9月30日　再版発行

著　者　西《にし》尾《お》久《く》美《み》子《こ》

発行者　大橋 善光

発行所　中央公論新社
〒100-8152　東京都千代田区大手町1-7-1
電話　販売 03-5299-1730　編集 03-5299-1890
URL http://www.chuko.co.jp/

印　刷　三晃印刷
製　本　小泉製本

©2014 Kumiko NISHIO

Published by CHUOKORON-SHINSHA, INC.
Printed in Japan　ISBN978-4-12-205921-4 C1134

定価はカバーに表示してあります。落丁本・乱丁本はお手数ですが小社販売部宛お送り下さい。送料小社負担にてお取り替えいたします。

●本書の無断複製（コピー）は著作権法上での例外を除き禁じられています。また、代行業者等に依頼してスキャンやデジタル化を行うことは、たとえ個人や家庭内の利用を目的とする場合でも著作権法違反です。

各書目の下段の数字はISBNコードです。978－4－12が省略してあります。

中公文庫既刊より

か-30-1
美しさと哀しみと
川端康成
京都を舞台に、日本画家上野音子、その若い弟子けい子、作家大木年雄の綾なす愛の色模様。哀しさの極みに開く官能美の長篇名作。〈解説〉山本健吉
200020-9

か-30-6
伊豆の旅
川端康成
著者の第二の故郷であった伊豆を舞台とする小説と随筆から、代表的な短篇「伊豆の踊子」、随筆「伊豆序説」など、全二十五篇を収録。〈解説〉川端香男里
206197-2

く-20-2
犬
クラフト・エヴィング商會
川端康成／幸田文他
ときに人に寄り添い、あるときは深い印象を残して通り過ぎていった名犬、番犬、野良犬たち。彼らと出会い、心動かされた作家たちの幻の随筆集。
205244-4

あ-84-2
女心についての十篇 耳《みみ》瓔《よう》珞《らく》
安野モヨコ選・画
芥川龍之介／有吉佐和子／円地文子他
わからないなら、触れてみる？ 女の胸をかき乱す、淋しさ、愛欲、諦め、悦び――。安野モヨコが愛した、女心のひだを味わう短篇集シリーズ第二弾。
206308-2

し-41-1
失われた手仕事の思想
塩野米松
野鍛冶、萱葺き、箕作りなど手仕事に生きる人々を全国に訪ね、技の伝承や職業的倫理観などを考察、「職人」を通して「仕事」の根本を考え直す好著。
205011-2

あ-76-1
転んでもただでは起きるな！ 定本・安藤百福《ももふく》
安藤百福発明記念館編
苦難の末に、インスタントラーメンを発明して世界の食文化を変えた男の、絶対あきらめない波瀾万丈の人生。珠玉の名言集付。
205869-9

た-84-1
物語「京都学派」 知識人たちの友情と葛藤
竹田篤司
西田幾多郎と田辺元という異質な個性の持ち主を中心に展開した近代知性たちの一大絵巻。豊かな学問的達成から、師弟の友情や葛藤までを鮮やかに描く。
205673-2

フ-13-1
藁のハンドル
ヘンリー・フォード
竹村健一 訳
20世紀初頭、自動車産業に革命をもたらしアメリカ社会を一変させたヘンリー・フォードが、その経営思想と大衆社会への夢を情熱溢れる筆致で紡ぐ自伝。
203985-8

き-17-8
絶海にあらず（上）
北方謙三
京都・勧学院別曹の主、純友。赴任した伊予の地で、「藤原一族のはぐれ者」は己の生きる場所を海と定め、律令の世に牙を剝いた！　渾身の歴史長篇。
205034-1

き-17-9
絶海にあらず（下）
北方謙三
海の上では、俺は負けん——承平・天慶の乱で将門とともにその名を知られる瀬戸内の「海賊」純友。夢を追い、心のままに生きた男の生涯を、大海原を舞台に描く！
205035-8

さ-28-40
深重《じんじゅう》の橋（上）
澤田ふじ子
京を焦土と化した応仁・文明の大乱、前夜。人買い商人に十五歳で湯屋へ売り飛ばされた少年「牛」の数奇な運命。波瀾万丈の物語を新たな歴史解釈を交えて描く。
205756-2

さ-28-41
深重の橋（下）
澤田ふじ子
激戦から厭戦へと向かう応仁・文明の大乱。東軍と西軍に分かれて戦う父子を待ちうける悲劇の邂逅。底辺を這いながら生きる人々を描く著者畢生の大作！
205757-9

み-18-16
菊亭八百善の人びと（上）
宮尾登美子
江戸料理の老舗・八百善に戦後まもなく嫁いだ深川育ちの汀子は江戸風流の味を蘇らせるべく店の再興に奮闘する。相次ぐ困難に立ち向う姿を描く前篇。
204175-2

み-18-17
菊亭八百善の人びと（下）
宮尾登美子
再興なった老舗・八百善の経営は苦しく、店で働く人々との関わり合いに悩みつつ汀子は明るく努めるが。消えゆく江戸文化への哀惜をこめて描く後篇。
204176-9

の-14-1
由布院ものがたり
「玉の湯」溝口薫平に聞く
野口智弘
誰もが憧れる癒しの温泉地、由布院。大規模開発の波や行政の壁に立ち向かい「由布院ブランド」を打ち立てた若き旅館経営者たちの奮闘を「玉の湯」会長に聞く。
205783-8

各書目の下段の数字はISBNコードです。978－4－12が省略してあります。

み-44-1
馬場恒吾の面目 危機の時代のリベラリスト
御厨貴
一ジャーナリストから読売新聞社長へ。戦前、評論家として時代を語り、戦後、経営者として書く場を守り抜いた言論人の気概。平成九年度吉野作造賞受賞。
205843-9

た-46-4
旅は道づれアロハ・ハワイ
高峰秀子
松山善三
住んでみて初めてわかるハワイの魅力。ホノルルに部屋を借りて十年、ひたすらハワイを愛するおしどり夫婦が紹介する、夢の島の日常生活と歴史と伝統。
205567-4

た-46-5
旅は道づれガンダーラ
高峰秀子
松山善三
炎暑の沙漠で過ごした日々は、辛かったけれども無性に懐かしい。映画監督と女優の夫妻が新鮮な感動を綴るパキスタン、アフガニスタン旅行記。〈解説〉加藤九祚
205591-9

た-46-6
旅は道づれツタンカーメン
高峰秀子
松山善三
悠久の歴史に静かに眠る遺跡と、異様な熱気で煮えくり返る街で、あるいはたくましく、あるいは慎ましやかに暮す人々の様子を伝えるエジプト見聞録。
205621-3

た-46-7
忍ばずの女
高峰秀子
昭和の名女優が明かす役作りの奥義。小津、成瀬、木下、黒澤の演出比較や台本への取り組みまで。自ら手がけた唯一のテレビドラマ脚本『忍ばずの女』併録。
205638-1

た-46-8
つづりかた巴里《パリ》
高峰秀子
「私はパリで結婚を拾った」。スター女優の座を捨て、パリでひとり暮らした日々の切ない思い出。そして人生最大の収穫となった夫・松山善三との出会いを綴る。
206030-2

た-46-9
いいもの見つけた
高峰秀子
歯ブラシ、鼻毛切りから骨壺まで。高峰秀子が選び抜いた身近な逸品。徹底した美意識と生活の知恵が生きた、豊かな暮らしをエンジョイするための本。カラー版。
206181-1

た-46-10
旅は道づれ雪月花
高峰秀子
松山善三
京都・金沢・札幌・神戸……。日本各地の老舗ホテルや料理屋で、一流を知り尽くす二人が、真の豊かさを堪能。美味と妙味あふれる夫婦かけあい旅エッセイ。
206315-0